Mathieu Bourdenet

Les bannissements au Parlement de Bourgogne 1765-1785

Mathieu Bourdenet

Les bannissements au Parlement de Bourgogne 1765-1785

Éditions universitaires européennes

Imprint

Any brand names and product names mentioned in this book are subject to trademark, brand or patent protection and are trademarks or registered trademarks of their respective holders. The use of brand names, product names, common names, trade names, product descriptions etc. even without a particular marking in this work is in no way to be construed to mean that such names may be regarded as unrestricted in respect of trademark and brand protection legislation and could thus be used by anyone.

Cover image: www.ingimage.com

Publisher:
Éditions universitaires européennes
is a trademark of
Dodo Books Indian Ocean Ltd. and OmniScriptum S.R.L Publishing group
Str. Armeneasca 28/1, office 1, Chisinau MD-2012, Republic of Moldova, Europe
Printed at: see last page
ISBN: 978-3-8416-6809-7

Copyright © Mathieu Bourdenet
Copyright © 2015 Dodo Books Indian Ocean Ltd. and OmniScriptum S.R.L Publishing group

Remerciements

Je tiens, avant tout à remercier M. Benoît Garnot, professeur à l'université de Bourgogne, pour son soutien et sa disponibilité.

Mes remerciements s'adressent également au personnel des archives départementales de Dijon pour leur aide et leur écoute.

Je me tourne enfin vers Mlle Caroline Béjot, étudiante en Master d'histoire pour ses nombreux conseils, vers Mme Christine Laine et M. Olivier Richier pour la relecture de ce travail.

SOMMAIRE

Introduction 5

1. Les bannissements au Parlement de Bourgogne. 9
   1.1 Les différents degrés de bannissements 10
      1.1.1   Expulsion hors d'une juridiction locale, hors du ressort du Parlement ou hors du royaume 10
      1.1.2   Pour combien de temps les bannis sont-ils expulsés? Et peut-on associer un crime précis avec un bannissement correspondant? 13
   1.2 Les autres peines accompagnant le bannissement 24
      1.2.1   Les peines corporelles : le fouet et le marquage au fer rouge. 24
      1.2.2   Des peines spectacles : le carcan et la présence forcée à une exécution. 33
      1.2.3   Les sanctions financières et confiscations de biens. 40

2. Les criminels et leurs délits. 46
   2.1 Étude des bannis du parlement de Bourgogne 46
      2.1.1   Présentation des criminels: sexe, âge et catégories socioprofessionnelles. 46
      2.1.2   Le passage à l'acte criminel: des délinquants agissant seuls ou en réseaux? 55
   2.2 Présentation des délits 61
      2.2.1   Quels crimes observés dans les archives de la Tournelle? 61
      2.2.2   Le vol: un délit omniprésent dans les arrêts du parlement 71
      2.2.3   Peut-on parler d'une mutation des pratiques criminelles dans la Bourgogne du XVIIIème siècle? 76

3. Quelle pratique de la justice au parlement? 81
   3.1 Le parlement et les justices inférieures 81
      3.1.1   Les différences de sanctions entre les juridictions inférieures et le verdict final de la Cour. 81
      3.1.2   Punir à tout prix ou recherche de compromis? 89
   3.2 Avec le bannissement peut-on parler d'une justice efficace? 93
      3.2.1   Les infractions de ban: preuves d'une peine inapplicable? 93
      3.2.2   Les années 1780: vers une disparition des bannissements? 99

Conclusion 104

Annexes 106

Bibliographie 114

Introduction

Étudier les bannissements au parlement de Bourgogne au XVIIIème siècle, suppose de s'interroger sur les comportements criminels de certains individus, mais également sur les professionnels de la justice qui sanctionnent, au nom du souverain, les actes délictueux. Mettre en parallèle ces deux axes de réflexion permet de révéler et comprendre les mentalités de l'ensemble de la société d'Ancien Régime à travers la fraction la plus dangereuse de ses membres. Dépouiller les archives de la Chambre de La Tournelle, ne nous donne pas uniquement des informations sur la criminalité en Bourgogne, mais nous renseigne aussi sur les valeurs partagées par toute une communauté et la façon dont on gère ceux qui les trahissent.

Les archives judiciaires sont abondantes et témoignent d'une activité extrêmement vive au sein du parlement de Dijon créé en 1476 qui comme les autres parlements, reste essentiellement une cour d'appel, souveraine et jugeant en dernier ressort au nom du Roi.

Face au foisonnement de documentation présent dans les archives départementales, nous devons donc limiter nos recherches, notre étude se focalisera sur la seconde moitié du siècle des Lumières et plus précisément de 1765 à 1785[1]. Nous sommes à la veille de la Révolution, les pratiques judiciaires au quotidien sont de plus en plus bouleversées par des réformes du droit pénal qui entrainent une remise en question au sein des plus hautes sphères des institutions judiciaires. Le parlement de Bourgogne n'est pas étranger à l'influence des idées nouvelles et ne reste pas figé face aux critiques des praticiens de la justice d'une part et celles émises par les intellectuels d'autre part.

---

1 Archives Judiciaires: Série B, Arrêts définitifs criminels allant de la série B II 46 art 35 à B II 46 art 41.

Ainsi, les parlementaires ne peuvent être perçus comme de simples juges appliquant à la lettre les ordonnances criminelles, bien au contraire, ces magistrats savent se détacher des textes théoriques pour s'adapter à la réalité de la délinquance qu'ils rencontrent quotidiennement. C'est en gardant à l'esprit ce contexte que nous avons étudié les arrêts de la Cour.

Les arrêts fournissent un certain nombre d'indications sur le crime et sa répression, mais en ce qui concerne les renseignements sur le délinquant qui commet les actes répréhensibles, ceux-ci restent assez imprécis.

C'est pourquoi dans notre développement, certains raisonnements que nous émettons ne peuvent être vérifiés et restent à l'état d'hypothèses par manque de données, c'est notamment le cas lorsqu'on aborde la personnalité du criminel, à savoir son âge ou son lieu d'origine par exemple.

Il ressort de cette étude qu'en vingt années étudiées, ce sont près de 268 individus qui sont condamnés à un bannissement par verdict final de la Cour. C'est sur cette base que nous construisons notre réflexion et afin d'appréhender le plus justement possible notre sujet, nous nous sommes également entourés de travaux s'orientant sur la criminalité et la répression en Bourgogne au XVIIIème siècle. Ces documents nous aidant à améliorer et affiner notre analyse sont avant tout des mémoires réalisés sur des thèmes communs au notre, en effet la bibliographie intéressant notre sujet n'est pas opulente et s'attache principalement à l'évolution de l'histoire pénale et criminelle à l'échelle nationale.

Les liasses dépouillées et les données récoltées dans différents dossiers, permettent de constituer une vision d'ensemble de notre thème et de mieux organiser notre réflexion. Il ne s'agit pas pour nous de simplement faire de l'histoire quantitative en juxtaposant des statistiques réalisées à partir d'informations obtenues dans nos arrêts; nous nous attacherons dans notre développement à montrer si nous pouvons parler d'évolutions des comportements criminels et de la manière dont ceux-ci sont appréhendés par les parlementaires.

Le but de nos recherches est au final, au-delà de la pure description des délits et des délinquants, de mettre en évidence les métamorphoses observées dans les décisions définitives de la Cour qui révèleraient une éventuelle transformation de la jurisprudence criminelle au sein du parlement. Un autre travail a été réalisé sur les bannissements au parlement de Bourgogne, une étude qui couvre une autre période chronologique: les quinze premières années du XVIIIème siècle entre autre, nous nous efforcerons également à comparer les différents aspects qui ont pu ressortir dans chacun des deux mémoires.

À travers l'étude d'une peine en particulier, ici le bannissement, c'est tout un ensemble de pratiques judiciaires et de priorités répressives qui se dégage. Les arrêts de la Cour nous présentent les deux sentences: celle prise en première instance et le verdict rendu en appel, nous pouvons dès lors analyser les relations entre la Tournelle et les tribunaux inférieurs et ainsi voir pourquoi les parlementaires usent plus régulièrement du bannissement par rapport aux autres juges.

Le bannissement s'inscrit donc dans un contexte bien particulier, en effet cette peine ne condamne pas un criminel à l'enfermement ou au travail forcé, il délocalise et déracine le délinquant qui est alors expulsé d'une région bien définie par la Cour. S'inscrivant dans une logique de répression alternative face à des peines pouvant être jugées comme trop lourdes par les parlementaires, le bannissement exile pour un certain temps un individu qui trouble l'ordre public et social de sa communauté. Une sanction qui est, comme nous le verrons, de plus en plus critiquée à la fin de l'Ancien Régime, des contestations qui soulèvent les limites du ban et qui à terme vont aboutir à sa quasi disparition dans les sentences de la Cour.

C'est à partir de ces nombreuses informations recueillies sur les deux décennies dépouillées que nous avons construit notre plan et on peut alors se demander si le bannissement et les peines l'accompagnant reflètent les primautés répressives recherchées par l'opinion publique et le parlement? Il convient également de s'interroger sur la pratique judiciaire des parlementaires et voir si l'on peut parler de sanctions modérées allant à l'encontre des ordonnances théoriquement plus répressives? Enfin se posera la question de l'intérêt d'une telle peine et de son efficacité sur le long terme.

Afin d'illustrer ses quelques idées directives, nous étudierons successivement la peine du bannissement et des sanctions qui l'accompagnent dans un but dissuasif et éducatif des foules, puis nous aborderons dans un second temps la question des délits et ceux qui les commettent tout en gardant à l'esprit que les archives ne nous révèlent qu'une partie de la réalité criminelle, pour finir avec la pratique de la justice au parlement aboutissant à une remise en cause quant à l'application d'une telle peine.

1. <u>Les bannissements au Parlement de Bourgogne.</u>

Le bannissement, est une peine qui, en l'absence d'un système carcéral efficace et développé, constitue l'un des seuls moyens d'éloigner un criminel ou un individu dangereux pour la société hors d'un espace géographique donné sans pour autant l'éliminer de façon définitive. C'est un exil contraint et forcé hors d'un lieu défini variant selon la gravité du crime, et qui se rencontre dans l'ensemble du système judiciaire, tant dans les justices seigneuriales que communales, que dans les bailliages et sénéchaussées, jusqu'aux parlements.

Le bannissement concerne aussi bien les criminels masculins que féminins, et il est systématiquement accompagné d'autres peines (amendes, pilori, carcan, marque au fer rouge, etc) qui, pour le délinquant, sanctionnent tout autant, sinon plus, que le ban en lui-même.

Dans cette première partie nous nous consacrerons à l'étude du bannissement en tant que tel, mais également aux autres sanctions qui l'entourent, une peine hétérogène qui comprend plusieurs degrés et qui peut être à temps ou à perpétuité, c'est ce que nous verrons ici en s'intéressant aux sentences émises par la Chambre de La Tournelle.

1.1 Les différents degrés de bannissements

1.1.1 Expulsion hors d'une juridiction locale, hors du ressort du Parlement ou hors du royaume

Le bannissement peut être prononcé soit hors d'une juridiction de première instance, soit hors du ressort de la Cour, soit hors du royaume. Sur les vingt années étudiées, de 1765 à 1785, on dénombre 268 cas de bannissements au parlement de Bourgogne qui nous confirment cette diversité[2]. La condamnation la plus grave est donc, le bannissement hors du royaume qui reste cependant un cas extrême et rare, en effet on rencontre seulement douze condamnations de ce type en vingt ans, ce qui représente environ 4,5% du nombre total de bannis. Après étude des arrêts du parlement de Bourgogne, ce qui ressort de cette multitude de cas de figure, est que de manière générale, chaque tribunal, prononce des bannissements hors de son propre ressort. Sur chaque arrêt, les décisions prises en première instance nous sont présentées, et le bannissement prononcé correspond le plus souvent au tribunal qui a instruit l'affaire, « Madelaine Garreau, accusée de vols aux halles de Dijon en novembre 1773, sera condamnée, entre autre, à un bannissement de trois ans hors du ressort de la ville de Dijon et de sa banlieue, les procédures criminelles étant instruites en la mairie de Dijon[3] », cet exemple n'est pas un cas isolé, au contraire il est tout à fait significatif de cette tendance générale qui se dégage après observation des arrêts. Dans un second temps la Cour affirmera ou non la sentence émise en première instance et c'est elle qui donnera le lieu définitif du bannissement. Cependant, le parlement admet que les juridictions inférieures, prononcent des bannissements pour un ressort plus étendu et même hors du royaume, ceci

---

2   Cf Annexe 1
3   (Archives Départementales) B II 46 art 37 (1771-1774) Arrêt du 3 février 1774.

n'étant pas une exception bourguignonne mais une règle qui s'applique sur l'ensemble de la France de l'Ancien Régime.

Parmi ces différents degrés de bannissements, hors du ressort d'un bailliage, d'une ville ou même hors de l'étendue d'un marquisat, la sentence la plus fréquemment infligée reste le bannissement hors du ressort de la Cour puisque celui-ci représente près de 79% du nombre total de bannis pour notre période. Dans ce cas précis, seule la Cour peut prononcer ce type de ban et il arrive très régulièrement de voir dans les arrêts du parlement, qu'un jugement confirmé par la Cour en appel, soit cependant modifié sur ce point, les juridictions inférieures ne pouvant prononcer de bannissements hors du ressort de la cour, La Tournelle étend dans de nombreux cas la peine à son propre ressort. Reprenons notre exemple rencontré à la page précédente, avec « La ditte Madelaine Garreau » où nous trouverons la formule suivante « La Cour dit qu'il a été bien jugé par le ditte sentence et ordonne qu'elle sera exécutée suivant sa forme et teneur et que le bannissement prononcée par Icelle sera hors du ressort de la Cour», ici la Cour ne va pas à l'encontre de la juridiction inférieure puisqu'elle confirme bien la sentence mais elle étend le bannissement hors de son ressort. Il n'est pas rare pour la Cour de clore un arrêt par la mention ci-dessus citée, et on peut alors se demander si, avec ce cas de figure, la Cour cherche à alourdir la peine sans trop l'aggraver, ou faut-il y voir un moyen pour le Parlement, d'imposer sa supériorité face aux autres juridictions? Il est très peu probable que le Parlement souhaite imposer à tout prix une autorité hiérarchique sur les autres juridictions, puisque la Chambre de la Tournelle confirme beaucoup d'affaires sans apporter aucune modifications à la sentence originale. Sans doute est-ce plus vrai de dire ici que, bannir hors du ressort de la Cour est un procédé mis en place afin de punir davantage le criminel en le bannissant plus loin de sa communauté par rapport à la décision prise en première instance, et ainsi, rétablir plus facilement la paix sociale dans un village ou un domaine par exemple.Ulrich Denis[4], nous parle cependant, d'une peine prononcée par des juridictions inférieures « les bannissements hors du duché », sachant que le ressort de la Cour ne recouvre pas exactement les limites du duché, ce qui serait pour lui, « une astuce destinée à tourner l'interdiction pour les tribunaux inférieurs de bannir hors du ressort de la Cour ». Une hypothèse que l'on peut évidemment prendre en compte, ce qui signifierait la présence d'une certaine concurrence entre les différents tribunaux et la supériorité du Parlement, désirant alors, chacun à leur niveau, expulser le plus loin possible la délinquance hors de leurs ressorts. Cependant ce cas de bannissements hors du duché est très peu présent, et dans le cadre de notre étude, aucun exemple de ce type nous est apparu, on peut donc supposer que ce qui est recherché par l'ensemble des instances de jugement, reste la complémentarité et l'exemplarité des peines, plus que l'exercice d'un pouvoir disciplinaire de la part du parlement sur les tribunaux inférieurs.

Comme nous l'avons dit précédemment, 79%[5] des criminels sont bannis hors du ressort de la Cour, le Parlement de Bourgogne recherche certainement une certaine homogénéité dans les peines prononcées, en effet, les cas de bannissements hors d'un bailliage, d'une châtellerie, d'une justice inférieure ou d'une ville restent minoritaires représentant à eux quatre, à peine 17% des bannis. Le bannissement hors du ressort de la Cour étant, hormis l'expulsion hors du royaume, le plus grave géographiquement parlant pour le délinquant, le Parlement cherchera avec cette sentence à exclure le condamné du tissu social où il a perpétré ses crimes et donc par là de le neutraliser en l'éloignant le plus possible de ses attaches familiales et sociétales.

---

4 Ulrich.D., *Criminalité et Répression en Bourgogne au XVIII° siècle*, Université de Dijon, 1972, p.74-75.
5 Cf Annexe 1.

Le bannissement hors du ressort de la Cour reste certes la sentence la plus fréquemment infligée, mais nous avons pu néanmoins constater ici qu'il existe une multitude de cas de figure possible en ce qui concerne les lieux d'expulsions des bannis. Il faut maintenant s'interroger sur la durée des bans et voir si la même logique peut être appliquée à cette question, c'est-à-dire voir si une tendance générale se dégage dans ces vingt années étudiées. Parler des durées de bannissements veut également dire voir si à un type de crime correspond un bannissement précis.

1.1.2 <u>Pour combien de temps les bannis sont-ils expulsés? Et peut-on associer un crime précis avec un bannissement correspondant?</u>

Le bannissement peut être perpétuel ou à temps suivant la gravité du crime commis d'une part, mais également suivant la personne qui commet le délit comme nous l'expliquerons ultérieurement. Les sentences émises par le Parlement en ce qui concerne la durée du ban entre 1765 et 1785, s'échelonnent de un an de bannissement pour les plus petites peines, à la perpétuité[6]. Tout comme les données concernant le lieu du bannissement, nous pouvons là aussi dégager une tendance générale puisque près de 50% des bannis sont expulsés hors du ressort de la Cour pour trois ans, ce qui représente 128 bannis sur un total de 268 criminels. L'expulsion à perpétuité, que ce soit hors du ressort de la Cour ou hors du royaume, ne représente quant à elle que 6% du nombre total de bannis, le reste se répartissant de manière inégale entre des peines allant de un à douze ans.

Les bannissements pour une période de trois ans sont donc majoritaires, une

---

6 Cf Annexe 2

durée relativement courte et si l'on se réfère au tableau ci-dessous, représentant une répartition des bans par tranche de trois ans, on note que plus de 200 criminels sont expulsés d'un territoire pour une période allant de un à six ans.

Durée du bannissement	Nombre de Bannis
De 1 à 3 ans	131
De 3 à 6 ans	71
De 6 à 9 ans	48
De 9 à 12 ans	2
Perpétuel	16
Total	268

Sur un total de 268 bannis, seulement 66 délinquants dépassent les six ans de bannissement. On peut alors s'interroger sur les motivations du Parlement qui préfèrera bannir pour trois ans une grande majorité des criminels, plutôt que de choisir une sanction plus lourde.

Pour les autres peines afflictives privatives de liberté, le constat est le même que pour la question des bannissements, en effet, pour les peines d'emprisonnement ou la condamnation à servir de forçat sur les galères du roi, au XVIIIème siècle[7], 75% des criminels sont condamnés pour un laps de temps de moins de six ans dans chacun des deux cas, et là aussi avec une préférence pour une condamnation de trois ans d'enfermement ou de service sur les galères.

Le bannissement à temps n'apparaît donc pas comme une exception en ce qui concerne la propension des juges dans le choix de la durée des peines qui s'appuie sur la jurisprudence[8], bien affirmée sous l'Ancien Régime. Le libre arbitre de tout juge permet de moduler la sanction en fonction de la circonstance et de l'intention, c'est pourquoi on peut observer des différences de peines entre deux criminels ayant commis le même délit, l'un peut être bannis pour une période donnée du ressort de la Cour, et l'autre pour une période plus longue par

---

7 Broux.C., *Criminalité et Répression en Bourgogne aux XVIIème et XVIIIème siècles,* Mémoire de maîtrise, Université de Dijon, 1998,p.106-107.
8 Garnot.B., *Justice et société en France aux XVI, XVII, XVIII siècles,* Paris,OPHRYS, 2000, p.236. « Jurisprudence: ensemble des décisions des tribunaux, servant de référence ».

exemple. La durée du bannissement dépend certes, de la gravité et de la nature du crime, mais elle se fonde également sur la personne qui enfreint la loi, suivant son degré d'implication dans le délit, elle peut être considérée comme auteur principal du crime ou alors simple complice, d'où ces différences de peines pour une même affaire.

Alexis Chausser, tailleur d'habit, et Jeanne Antoine Levoux sa femme[9] tous deux natifs de Besançon, dans une affaire instruite en la mairie de Dijon, sont condamnés l'un à un bannissement de 9 ans hors du ressort de la Cour, et l'autre à un bannissement de 3 ans hors du ressort de la Cour. Pour la même affaire, les deux individus, voient leurs peines différer et c'est en lisant l'extrait de la première sentence que nous trouverons les explications, en effet le mari est accusé de « fabrication de faux documents, de fausse déclaration de grossesse pour sa femme qu'il dit enceinte d'une tiers personne et tentative de filouterie d'argent », sa femme quant à elle a été « déclarée dument atteinte et convaincue de complicité dans la fabrication de faux documents avec son mari », à priori les faits sont similaires, mais le Parlement fait la différence entre ces deux criminels, la complicité étant moins répréhensible, on comprend l'écart de peine qui les sépare. Il est peu probable que la différence de sexe entre ces deux individus soit une donnée qui intervienne lors du jugement, la durée du bannissement s'adapte, non pas, selon le genre sexuel du délinquant, mais bien selon sa dangerosité vis-à-vis du reste de la société. Pouvons-nous parler de parité homme-femme lors de la prononciation des peines et donc de la durée du bannissement? C'est ce qui se dégage après étude des arrêts du parlement, dans la grande majorité des cas à crime égal, sentence équivalente et le bannissement est le même que l'on soit un homme ou une femme.

---

9 (AD) B II 46 art 37 (1771-1774) Arrêt du 24 mars 1773.

François Dubert, faiseur de paniers, et sa femme Marie Delaye[10], pour une affaire instruite en la maréchaussée et au bailliage de Charolles, tous les deux ont été « dument atteints et convaincus d'avoir volé dans la poche de deux particuliers, l'un (le mari) une bourse contenant 7 livres 5 sols, l'autre (la femme) une bourse contenant 6 livres ». Pour des délits similaires la sentence est la même pour ces deux personnes: 6 ans de bannissement chacun hors du ressort du bailliage. Cet exemple n'est pas un cas isolé, il se retrouve dans de nombreux arrêts, que ce soit dans des procédures criminelles impliquant les membres d'une même famille ou des personnes jugées en même temps, que dans des affaires séparées n'ayant aucunes connections entre elles.

Ces observations peuvent se faire tout au long de notre période, en effet, Étienne Clerc[11], laboureur, accusé de plusieurs vols dans l'étable d'un particulier, drap de lit, laine et paire de bas, est condamné par la Cour à un bannissement hors de son ressort pendant 3 ans.

Étiennette Balloret[12], domestique, est accusée de plusieurs vols également chez un particulier, de mouchoirs, de laine et de toile. Elle est condamnée à un bannissement de 3 ans hors du ressort de la Cour. Deux ans séparent les affaires en question, les criminels n'ont rien en commun, les deux procédures sont instruites dans des bailliages différents, seuls les délits sont identiques et on voit au final que la Cour condamne de la même manière avec des bans équivalents les deux individus, l'un étant un homme et l'autre une femme.

Certaines affaires cependant, présentent quelques singularités en ce qui concerne la durée du bannissement, et on peut dans certains cas, voir des peines très lourdes prononcées par le Parlement qui ne s'expliquent pas forcément. Claudine

---

10 (AD) B II 46 art 39 (1778-1781) Arrêt du 23 octobre 1778.
11 (AD) B II 46 art 39 (1778-1781) Arrêt du 15 septembre 1780.
12 (AD) B II 46 art 40 (1781-1784) Arrêt du 10 août 1782.

Baudor et sa fille Jeanne Marigny[13], sont toutes deux accusées d'avoir, chacune de leur côté, commis plusieurs vols pour l'une, la mère, vols de draps, serviettes et nappes chez un cafetier et pour la seconde, la fille qui est servante, vols de plusieurs « menus effets chez la veuve chez qui elle servait ». Des crimes qui pour la plupart des individus, les conduisent à un bannissement de trois à six ans hors du ressort de la Cour, mais qui ici, sont sanctionnés très lourdement, puisque les deux femmes sont punis d'un bannissement perpétuel chacune hors du Royaume. Une condamnation extrêmement grave qui surprend après observation des faits reprochés. Il est probable que cette sentence ne se base pas uniquement sur les vols commis par l'une et l'autre, on peut alors supposer que ces deux femmes sont considérées comme récidivistes qui ont un passé criminel les ayant déjà conduites devant la justice, d'où cette lourde peine.

Ce questionnement pourrait également s'appliquer dans une seconde affaire présentant des faits analogues, où une femme, Marion Savoyarde[14], jugée par contumace, complice d'un vol d'une somme de plus de 5 livres à un particulier, le parlement la condamne à un bannissement perpétuel hors du Royaume alors que l'auteur principal du crime est quant à elle, condamnée à « garder prison pendant 9 années ». Là aussi, la durée du bannissement paraît exagérée face au crime commis, le fait d'être jugé en contumace ne peut pas entraîner un tel écart de peine entre deux crimes semblables, on suppose là encore que la personne est considérée comme récidiviste, mais les arrêts étudiés ne nous donnent pas ces informations et nous ne pouvons donc pas vérifier l'exactitude de cette hypothèse. Ces peines très lourdes et rares pourraient également être considérées comme des peines exemplaires ayant un but dissuasif, mais le Parlement use d'autres moyens pénaux pour ceci, et ces bannissements perpétuels dont nous avons parlés ont certainement été mis en place afin de punir et d'exclure des

---

13 (AD) B II 46 art 35 (1765-1767) Arrêt du 21 juillet 1766.
14 (AD) B II 46 art 41 (1784-1786) Arrêt du 19 octobre 1784

criminels dits dangereux pour le reste de la société et ainsi préserver la paix sociale dans la communauté concernée.

La durée du bannissement n'est pas donc pas prononcée de manière hasardeuse par le Parlement qui sait ajuster la peine en prenant en compte toutes les caractéristiques de l'individu intéressé par la procédure criminelle. Ceci ce vérifie également dans les procès par contumace, vingt au total sur notre période, le Parlement condamne ces criminels qui ne se sont pas présentés devant la Cour, en appliquant ces mêmes critères, sans pour autant les punir davantage.

Nos recherches montrent une certaine continuité tout au long de notre période, sur les vingt années étudiées, le bannissement ne connait pas de réelles évolutions et l'expulsion de trois ans hors du ressort de la Cour reste le ban le plus prononcé par la chambre de La Tournelle.

Les archives utilisées ici, portent sur la seconde moitié du XVIIIème siècle, il est donc intéressant de comparer les résultats obtenus avec une étude[15] s'intéressant au début de ce même siècle. Comme nous l'avons dit précédemment, 76%[16] des criminels, sont condamnés, entre 1765 et 1785, à un bannissement égal ou inférieur à six ans hors de tous territoires confondus (hors du ressort de la Cour, hors d'un bailliage, hors d'une ville et sa banlieue...), d'après une autre étude menée sur le thème des bannissements, il ressort que pour la période 1700-1715, pour cette même durée de ban, égale ou inférieure à six ans, et en conservant les mêmes critères géographiques, seulement 38.7% des bannis sont concernés. Les peines seraient-elles plus lourdes et plus longues au début du XVIIIème siècle qu'à la fin? C'est ce qui semble résulter après

---

15 Bernard.A., *Les Bannissements Au Parlement De Bourgogne, 1700-1715 1774-1790*, Mémoire de Maitrise, Université de Bourgogne, 2001.
16 Cf Annexe 2

comparaison de ces deux données, en plus de cinquante ans, les bannissements à courte et moyenne durée, augmentent d'environ 38%, par conséquent plus on avance dans le siècle, plus on diminue la durée des bannissements.

Prenons un autre point de comparaison en s'intéressant maintenant à la peine la plus lourde: les bannissements hors du royaume à perpétuité, entre 1700 et 1715, cette sanction concerne 24.5% des bannis alors que pour notre période, ce chiffre n'atteint pas 5%[17].

Là encore, ces données tendent à prouver que les peines de bannissement sont plus importantes en ce qui concerne leurs durées, au début du siècle des Lumières, qu'à la veille de la Révolution.

Notons cependant, que pour la période 1765-1785, nous sommes en présence de 268 cas de bannissements au total, alors que pour le début de ce siècle, les constats réalisés, se basent sur une étude de 106 criminels. Cet écart de cas d'étude doit être pris en compte dans l'évolution des bannissements, et on ne peut donc pas affirmer de manière tout à fait certaine que le Parlement de Bourgogne punisse et sanctionne davantage les bannis dans les premières décennies du XVIIIème siècle, qu'à la fin de celui-ci.

Le bannissement, serait donc pour les criminels concernés, de moins en moins répréhensible, la Cour préférant raccourcir sa durée au fur et à mesure. Ceci doit être mis en relation avec une autre particularité qui caractérise cette peine tout au long du XVIIIème siècle, en effet, plus on avance dans l'Ancien Régime, moins le Parlement a recours au bannissement. Cette tendance, qui selon Carbasse.J.M.[18], touche l'ensemble du royaume français, est le fruit de la préférence, pour les Parlements, « à remplacer les bannissements, pour les

---

17 Cf Annexe 1.
18 Carbasse.J.M., *Histoire du droit pénal et de la justice criminelle*, Paris, PUF, 2000, p.291-292.

peines conduisant aux galères, ou au bagne ». On comprend alors pourquoi la durée des bannissements diminue petit à petit, et en prononçant de plus en plus de bans à courts délais, la chambre de La Tournelle cherche sans doute un moyen de montrer sa volonté à vouloir mettre en place d'autres systèmes de répression qui à terme, remplaceront totalement la pratique du bannissement.

Le bannissement est donc une peine, comme nous avons pu le voir précédemment, qui se caractérise par sa diversité tant, dans sa durée, que dans son étendue géographique, et on peut à présent se demander si, à un type de crime, correspond un bannissement précis. Nous parlerons dans notre deuxième partie des crimes et des délinquants rencontrés dans les archives de La Tournelle, et il ne s'agit donc pas ici de faire un catalogue des infractions observées, mais bien de voir si le bannissement obéit à une certaine logique face aux délits commis.

Le bannissement est une peine qui est prononcée, dans la grande majorité des cas, à l'encontre de ce que l'on peut nommer, des petits délinquants et on remarque très rapidement dans les archives, que c'est le vol qui est le plus souvent réprimandé par cette sanction.

Les infractions contre les biens sont majoritairement présentes ici, et la plus grande partie des individus commet des vols simples, cette même majorité qui est par la suite punie d'un bannissement de trois à six ans hors du ressort de la Cour. Comment dès lors, la Cour va-t-elle ajuster sa peine face au crime? Bien qu'on ne puisse définir de règles générales dans les condamnations émises par le Parlement, certains paramètres sont pris en compte par les juges. Si le délit est commis avec violence ou effraction dans le domicile d'un particulier par exemple, cela s'en ressentira par la suite sur le bannissement qui sera plus important que pour un simple vol. Même si le vol apparaît comme moins dangereux, par rapport aux autres crimes, aux yeux de la Cour, certaines pratiques sont fortement condamnées, c'est le cas notamment du vol domestique. En effet, entre deux individus volant approximativement la même marchandise, la Cour sanctionne davantage celui qui dérobe des effets chez son maître, que la personne ayant commis le délit chez un simple particulier ou dans un lieu public. Françoise Berthier, servante et Denise Pujeaux[19], sont toutes deux accusées de vols et jugées dans la même procédure criminelle, la première, domestique, est « dument atteinte et convaincue d'avoir volé différents linges chez Bernard Félix où elle était servante », la seconde est « dument atteinte et convaincue d'avoir volé trois chemises dans le grenier d'un particulier »; à priori les faits sont équivalents, cependant la ditte Berthier qui est servante est condamnée par la Cour à un bannissement de 9 ans hors de son ressort, alors que Denise Pujeaux, est condamnée à 3 ans de bannissement hors du ressort du bailliage de Chalon-Sur-Saône, bailliage où l'affaire est instruite.

Jeanne-Marie Soupin[20], qui est également domestique chez un particulier, est quant à elle, condamnée par la Cour à un bannissement perpétuel hors de son ressort pour le vol de plusieurs mouchoirs, d'une jupe et autres effets dans l'armoire de son maître.

Remarquons que ces deux femmes lourdement condamnées par la Cour pour des vols domestiques, étaient en première instance condamnées à la peine de mort, en effet, « le vol domestique paraît contester la puissance des maîtres,rois en leur domicile », comme le prévoit une déclaration de 1724[21].

On peut donc noter que même s'il est difficile, voire impossible de déterminer précisément quel bannissement correspond à tel ou tel crime, nous sommes tout de même capables de constater que certains principes guident la Cour dans sa

---

19 (AD) B II 46 art 36 (1767-1770) Arrêt du 7 mars 1768.
20 (AD) B II 46 art 36 (1767-1770) Arrêt du 5 février 1768.
21 Garnot.B., *Justice et société en France aux XVI, XVII, XVIII siècles,* Paris,OPHRYS, 2000, p.13.

prise de décision finale, principes qui s'attachent aux valeurs de la société d'Ancien Régime. La Cour, dans son jugement, s'attarde non seulement sur la personnalité du criminel, d'où ces écarts de peines entre deux personnes commettant le même délit comme nous l'avons vu précédemment, mais elle prend également en compte les normes et les comportements qui sont acceptés ou non par, d'une part, l'État, et d'autre part, l'opinion publique. La durée des bannissements répond à cette logique et il s'agit pour le Parlement de trouver un consensus entre les faits du délinquant et ce qu'attend la population de la justice, dans ce contexte, il parait alors inévitable pour les juges de prononcer des peines au cas par cas. Lorsque l'on regarde les condamnations et les crimes qui s'y rattachent, on peut observer une certaine cohérence dans les peines prononcées, le vol d'animaux (vaches,chevaux...) sera puni le plus souvent d'un bannissement de six à neuf années hors du ressort de la Cour, ces bêtes étant l'une des principales forces de travail pour un paysan ou un laboureur, il semble logique que le bannissement soit plus important que pour le vol d'un vêtement ou de nourriture qui sont quant à eux sanctionnés d'une expulsion de trois ans.

La fabrication de faux documents ou de fausses monnaies et surtout de leur diffusion, reste également un crime très réprimandé et inacceptable pour les autorités, Jean Gauthier[22], Maître de vin, est condamné à un bannissement perpétuel hors du royaume, pour « avoir eu en sa possession un moule à l'intérieur duquel est gravé l'empreinte d'un leu de six livres et de s'en être servi pour y jeter en fonte des pièces ressemblantes audit leu ».

Ce qu'il faut donc retenir ici, est que le bannissement n'est pas prononcé de manière aléatoire, il s'inscrit dans un raisonnement hiérarchisé de la criminalité, tout en s'appuyant sur la jurisprudence et l'arbitraire des juges, la durée du ban répond à la volonté de l'état et de la population de punir et d'exclure le criminel

---

22 (AD) B II 46 art 38 (1774-1777) Arrêt du 27 juin 1775.

dangereux pour la paix publique. On ne peut associer précisément un type de crime avec une peine correspondante, puisque dans les faits, le bannissement est modulé suivant un certain seuil de tolérance et d'acceptabilité de tel ou tel comportement considéré comme plus ou moins déviant par la société.

Lors de sa prononciation par la Cour, le bannissement est toujours accompagné d'autres peines qui peuvent être dans certains cas aussi graves pour le condamné que le ban en lui-même. Après avoir vu les caractéristiques du bannissement et les nuances qui composent celui-ci, il faut maintenant s'intéresser aux autres sanctions qui punissent le banni.

1.2 Les autres peines accompagnant le bannissement

Carbasse.J.M[23]. parle du bannissement comme « peine accessoire qui renforçait une condamnation principale à l'amende, à la mutilation, à la course... », ceci nous montre bien à quel point les sanctions qui accompagnent le bannissement sont importantes et indissociables du ban en lui-même, des sanctions qui peuvent être d'ordre financières, corporelles... La peine est là pour rétablir un ordre social et moral face au criminel déviant, le bannissement fait payer le délinquant par un exil forcé et contraint, éloigner le danger loin de la communauté, les autres peines peuvent être considérées comme un moyen supplémentaire de rétablir l'équilibre et l'entente au sein de la société et bien souvent les peines accompagnant le bannissement servent d'exemple pour le reste de la population et ont un but pédagogique et dissuasif.

1.2.1 Les peines corporelles : le fouet et le marquage au fer rouge.

De toutes les peines qui accompagnent le bannissement, les peines corporelles sont certainement celles qui sont les plus prononcées. Le but de la peine étant « de faire expier et de sanctionner, on tente d'obtenir du condamné le regret solennel de son acte, puis on frappe dans sa chair, dans son honneur pour rétablir un équilibre qu'il a rompu[24] ». Les peines corporelles s'inscrivent bien dans cette logique, puisqu'elles sont pratiquées de façon publique, ainsi elles assurent un rôle pédagogique, il faut enseigner les normes à respecter par la crainte du châtiment.

---

[23] Carbasse.J.M., *Histoire du droit pénal et de la justice criminelle*, Paris, PUF, 2000, p.290.
[24] Leuwers.H., *La justice dans la France moderne*, Paris, ellipses, 2010, p.175.

Sur 268 cas de bannissement entre 1765 et 1785, on retrouve à 148 reprises la prononciation de peines corporelles, et dans la grande majorité des arrêts on retrouve la formule: « le nom du criminel, a été condamné à être battu et fustigé de verges par l'exécuteur de la haute justice par les rues, places et carrefours accoutumées de la ditte ville où à eu lieu le crime ». La fustigation ou le fouet, qui dans les deux cas s'emploient avec des verges[25], s'exécute toujours en public, et semble suivre un itinéraire défini même si ceci n'est pas écrit dans les arrêts émis par la Cour, le condamné doit être exposé à la communauté qu'il a trahie par son crime.

Le criminel reçoit donc des coups aux endroits les plus visibles et les plus fréquentés par la population, cependant, il faut noter, qu'il n'est jamais question d'un nombre de coups précis dans les arrêts, et la seule information que l'on possède sur ce sujet est exprimée dans la mention « jusqu'à effusion de sang » qui est présente dans beaucoup de procédures criminelles. Au-delà de la souffrance physique que procure la fustigation, celle-ci doit agir en profondeur sur la mémoire des criminels qui se retrouvent humiliés par la population qui suit le parcours du condamné à travers la ville. Faire expier le futur banni dans sa chair, doit lui permettre de demander pardon à l'ensemble de la communauté et cette sanction peut être considérée comme une forme de réparation morale faite aux victimes du crime qui, nous le pensons, assistent à cette mise en scène de la fustigation.

La Cour peut décider d'accompagner n'importe quels types de bannissement, qu'ils soient à temps ou à perpétuité, hors du royaume, hors d'un bailliage ou d'une ville, d'une peine de fustigation et cette sanction peut être appliquée aussi bien aux hommes, qu'aux femmes, le Parlement de Bourgogne ne faisant pas de distinctions entre les deux sexes qui sont traités de la même manière face à ce

---

25 Verge(s): baguette(s) servant à fouetter.

châtiment. Claudine Furand[26] est condamnée par la Cour à un bannissement perpétuel hors du royaume pour des vols, mais également à être battue et fustigée, les épaules nues, de verges dans tous les lieux accoutumés de la ville de Châlon-Sur-Saône. Pierre Chambion[27], soldat provincial, se voit infligé par la Cour un bannissement de trois ans hors du ressort de la Cour pour des vols de mouchoirs et de tabliers, est condamné par ailleurs à être battu et fouetté jusqu'à effusion de sang sur toutes les places, rues et carrefours de la ville de Bourg en Bresse.

Ces deux affaires sont totalement différentes: une femme bannie à perpétuité et un homme banni pour trois ans, des procédures criminelles séparées de quinze années, pourtant les deux délinquants subissent la fustigation, ce qui nous montre bien que cette peine reste présente tout au long de notre période en s'appliquant à tout type de criminels.

La Cour confirme très régulièrement les peines de fustigation prononcées par les tribunaux inférieurs, et quand celles-ci n'apparaissent pas en première instance, il n'est pas rare de voir que le Parlement, dans sa sentence finale, rajoute la sanction du fouet.

Dans le premier quart du XVIIIème siècle[28], la fustigation n'est appliquée qu'à 24.5% des bannis, alors que pour notre période, 1765-1785, cette peine concerne 55% des criminels condamnés au bannissement soit une augmentation de plus de 30% en ce qui concerne la pratique de la fustigation pour les bannis au Parlement de Bourgogne. Une hausse qui s'inscrit parfaitement dans la tendance générale observée dans les arrêts de la chambre de La Tournelle[29], en effet à

---

26 (AD) B II 46 art 36 (1767-1770) Arrêt du 4 février 1769.
27 (AD) B II 46 art 40 (1781-1784) Arrêt du 7 février 1784.
28 Bernard.A., *Les Bannissements Au Parlement De Bourgogne, 1700-1715 1774-1790*, Mémoire de Maitrise, Université de Bourgogne, 2001. p.57.
29 Fey.D., *Les peines corporelles en Bourgogne au XVIIIé siècle*, Mémoire de Maitrise, Université de Bourgogne, 1991-1992, p.71.

partir de 1760, que ce soit pour les condamnés au bannissement ou pour ceux envoyés aux galères du roi, il semble que les juges appliquent davantage les peines corporelles et l'étude réalisée sur ce sujet nous montre un accroissement d'environ 35% du nombre de personnes fouettées et fustigées par rapport à la première moitié du XVIIIème siècle.

Si le taux de fustigation augmente nettement tout au long du siècle des Lumières, nous pouvons également observer un changement au niveau de la répartition sexuelle de cette pratique, en effet entre 1700 et 1715, la fustigation semble frapper davantage les femmes puisque 53.8% des bannis fustigés sont de sexe féminin, à partir de 1765, cette répartition s'inverse et on constate que les femmes bannies fustigées sont minoritaires et représentent 31% du nombre total de bannis condamnés au fouet contre 69% pour les hommes.

Cette croissance notable de la pratique de la fustigation, nous montre à quel point l'Ancien Régime marque sa priorité répressive avec la mise en place de sanctions infamantes qui, ajoutées au bannissement, accentuent le caractère réparateur et pédagogique de la peine.

Outre la fustigation, le marquage au fer rouge est aussi très présent dans nos arrêts, la flétrissure étant un autre moyen utilisé pour marquer le banni dans sa chair, mais avec tout de même une différence importante qu'il faut souligner, cette pratique contrairement au fouet, laisse une trace indélébile sur le corps du criminel qui portera tout au long de sa vie la preuve visible de sa culpabilité.

Le bannissement expatriant le criminel dans une nouvelle communauté, la sentence de la flétrissure peut être considérée comme un moyen pour la Cour de s'assurer que le délinquant sera identifié en tant que tel par la population qui ne connait ni son passé juridique, ni les motifs de son expulsion.

La plupart des bannis condamnés à la fustigation sont également frappés du marquage au fer rouge, et tout comme la peine du fouet, la flétrissure s'effectue en public et dans les arrêts de la Cour, on retrouve ceci exprimé de la manière suivante: « a été condamné à être battu et fustigé [...], et ensuite flétri sur l'épaule droite avec un fer chaud portant l'empreinte de la lettre V ». La lettre V est le symbole le plus courant, puisqu'il punit la plupart des vols (qu'ils soient domestiques, avec effraction, chez un particulier ou dans un lieu public), des larcins, des filouteries en jeu et en argent ainsi que les escroqueries. Les auteurs du préjudice sont marqués de cette lettre, mais l'empreinte au fer chaud touche aussi les complices du criminel ainsi que tout ceux qui peuvent profiter directement du crime, Joseph Mussey[30], est accusé d'avoir recelé des cuivreries volées par une autre personne qui lui avait donné ces effets pour qu'il les expose à la vente. Ici Joseph Mussey, n'est pas l'auteur principal du crime, il est tout de même condamné par la Cour, tout comme André Bailler (l'auteur des vols), à être marqué de la lettre V, les juges ne faisant pas de différence en ce qui concerne ce châtiment entre ces deux personnes.

Hommes ou femmes, auteur principal de la faute ou complice, le marque au fer chaud est une sentence qui touche tout ceux ayant commis un acte répréhensible quelque soit son appartenance sexuelle ou son degré d'implication.

Le marquage au fer rouge est une pratique courante que l'on trouve tout au long du XVIIIème siècle, cependant, les archives de la Chambre de La Tournelle nous montrent que différentes formules sont utilisées pour désigner cette peine: ainsi au début du siècle des Lumières, le banni condamné à ce châtiment est « marqué d'un fer chaud sur l'épaule dextre à la marque ordinaire de la ville », formule qui n'est plus présente à la fin de ce siècle. Les désignations afin d'affliger la flétrissure peuvent changer selon la période chronologique étudiée,

---

30 (AD) B II 46 art 36 (1767-1770) Arrêt du 11 avril 1769.

mais les arrêts du Parlement de Bourgogne montrent également une disparité en ce qui concerne la lettre gravée dans la chair du condamné. La marque est régie de manière précise par l'ordonnance du 4 mars 1724, complétée par la suite par celle du 18 juillet de la même année, avant cela, « jusqu'en 1724, on se contente indifféremment d'une fleur de lys, sauf pour les galériens marqués des lettres GAL[31] ».

Dans la seconde moitié du XVIIIème siècle, la logique de la marque au fer rouge s'inscrit dans un processus de désignation du crime commis, la lettre V correspond alors à un vol, un larcin ou une escroquerie d'argent par exemple, la lettre W est utilisée pour désigner un voleur récidiviste et le M qui, suivant l'ordonnance de 1724, se fait sur le bras gauche, est infligé aux mendiants récidivistes. Chaque lettre porte en elle-même une signification précise qui doit donc inscrire de manière définitive, sur le corps du condamné, un casier judiciaire visible aux yeux de tous.

En vingt années étudiées, jamais il n'a été question de bannis condamnés à être marqués des lettres M ou W, pourtant les récidivistes ne sont pas rares, mais la Cour, dans ses décisions finales, ne sanctionne pas les criminels expulsés hors de son ressort, d'une seconde marque sur leurs corps. C'est donc la lettre V qui est le plus souvent utilisée pour flétrir les bannis, et entre 1765 et 1785, seulement deux individus sont intéressés par la fleur de lys. Dans les deux cas, il s'agit d'une femme, Marie Vaudelin[32] est condamnée par la Cour, au bannissement perpétuel hors du royaume, battue et fustigée et marquée de la fleur de lys, accusée « de crime d'inceste pour avoir eu en plusieurs reprises des relations avec son beau-père donnant trois enfants déclarés bâtards ».

---

31 Garnot.B., *Justice et société en France aux XVI, XVII, XVIII siècles,* Paris,OPHRYS, 2000, p.190.
32 (AD) B II 46 art 36 (1767-1770) Arrêt du 11 août 1768.

Marie Rebillard[33], est quant à elle, bannie par la Cour, pour 9 ans hors de son ressort, battue et fustigée et en outre marquée de la fleur de lys, pour « avoir fait une fausse déclaration de grossesse en disant que c'était l'œuvre du prêtre de son village qui l'aurait forcée ».

Ces deux femmes, condamnées au fer chaud et marquées de la fleur de lys, restent des cas extrêmement rares et isolés, en effet les crimes commis et les faits reprochés sont d'une gravité inouïe, on peut alors se dire que le Parlement de Bourgogne cherche, avec l'usage de la fleur de lys, à différencier ces deux affaires inhabituelles, du reste des procédures criminelles. Ce symbole si distinct et presque abandonné dans les dernières décennies du XVIIIème siècle, peut permettre aux juges de la Cour de distinguer les délinquants commettant un délit courant, de ceux qui ont eu un comportement dangereusement déviant et inacceptable par le reste de la communauté. En plus de leurs bannissements très lourds, ces deux femmes portent sur elles une marque particulière qui donne une sorte de définition de leurs crimes face à l'ensemble de la société: à crime exceptionnel, marque extraordinaire, comme il y a une hiérarchisation des crimes dans l'Ancien régime, peut-on appliquer le même raisonnement avec le marquage au fer chaud? Il semble que les deux exemples cités précédemment démontrent cette logique, cependant tous les bannis commettant un délit grave ne sont pas flétris de la fleur de lys avant d'être expulsés et dans les faits, le Parlement use très peu de cette marque même en présence de délinquants dangereux ayant un passé criminel assez unique comme nous avons pu le constater dans nos archives. Nicolas Sardin[34], accusé de rapt, adultère et séduction sur des jeunes filles, ne sera pas condamné à une flétrissure, ni même à une fustigation en plus de son ban de 5 ans, pourtant les crimes commis sont aussi graves que ceux de ces deux femmes dont nous avons parlé et sans doute

---

33 (AD) B II 46 art 37 (1771-1774) Arrêt du 11 janvier 1771.
34 (AD) B II 46 art 35 (1765-1767) Arrêt du 12 août 1766.

faut-il voir à travers ces deux délinquantes la volonté pour la Cour de toucher, de manière durable, les esprits des spectateurs qui assistent à l'exécution de la peine.

Comme nous l'avons vu précédemment, la marque au fer chaud touche une large catégorie de criminels, hommes ou femmes, et au total la flétrissure va être infligée à 53% des bannis entre 1765 et 1785 ce qui représente 141 personnes dont 39 femmes, et à l'exception de deux bannies frappées par la fleur de lys, tous sont marqués de la lettre V à l'épaule droite.

S'il apparaît que la marque au fer rouge reste très présente pour notre période, il semble que ceci ne soit pas évident pour le début du XVIIIème siècle, en effet , entre 1700 et 1715[35], on comptabilise seulement 20 cas de flétrissure sur l'ensemble des condamnés au bannissement, alors que ce chiffre dépasse aisément la centaine de flétris entre 1774 jusqu'à la révolution. Cet écart de bannis condamnés à la flétrissure entre le début et la fin du siècle des Lumières, trouve sans doute son explication avec l'apparition de l'ordonnance de 1724 qui offre un cadre défini du marquage au fer chaud, donnant ainsi aux parlementaires les moyens nécessaires pour appliquer cette peine corporelle.

Si les condamnés par contumace semblent être jugés de la même manière que les autres délinquants par le parlement en ce qui concerne le bannissement, ce n'est pas le cas lorsqu'il s'agit d'appliquer des peines corporelles à ces personnes qui ne se présentent pas devant les juges. Sur 20 condamnés au bannissement par contumace pour notre période étudiée, seulement 5 d'entre elles sont concernées par la marque au fer rouge et la fustigation, ce qui nous montre bien que les peines corporelles restent des moyens pour la justice d'apaiser de manière immédiate et précise la colère des parties lésées en vengeant

---

[35] Bernard.A., *Les Bannissements Au Parlement De Bourgogne, 1700-1715 1774-1790,* Mémoire de Maitrise, Université de Bourgogne, 2001. p.60.

publiquement l'affront fait au reste de la société. Le banni condamné par contumace ne reviendra peut-être jamais dans la communauté où il a commis son crime: communauté qui, avec le temps, oublie et acquitte le délinquant et il n'est donc pas utile pour le parlement d'infliger des peines infamantes qui n'auraient plus aucun sens si celles-ci sont appliquées des mois voire, des années après, puisque la réparation publique doit ce faire sur-le-champ.

Condamner un criminel à la fustigation et encore plus à la flétrissure, n'est pas un acte anodin puisqu'avec ces humiliations publiques qui accompagnent le bannissement, les juges vont considérablement diminuer les chances pour le criminel en question de se réinsérer dans sa communauté d'origine et même au-delà, dans le reste de la société qui reste méfiante face à la marque gravée sur le corps du banni. Cependant, notons que certains individus arrivent à faire disparaître la lettre qu'ils portent dans leur chair et comme nous le dit Ulrich. D[36]., dans ce cas, « il n'est pas toujours aisé pour les chirurgiens commis par la justice de découvrir si il y avait eu flétrissure ou simplement blessure comme le prétendaient les inculpés ». Un véritable problème pour certaines affaires, puisque à la longue, le processus de guérison et de cicatrisation naturel, restaurait parfois quelques épaules flétries, et pour rechercher les traces de fer chaud sur certains individus arrêtés, il faut alors raviver la marque par un violent coup de plat de la main. Mais en réalité, la visibilité de la marque gravée dépend en grande partie du bourreau qui peut, dans certains cas, ne pas imprimer la lettre suffisamment profond dans la chair afin que celle-ci soit clairement distinguée tout au long de la vie du criminel.

Ces deux peines corporelles ne sont pas les seuls outils pour la justice parlementaire d'assurer le repos public, d'autres pratiques sont mises en place afin de mêler les objectifs de punition et d'éducation recherchés par les juges,

---

36 Ulrich.D., *Criminalité et Répression en Bourgogne au XVIII° siècle*, Université de Dijon, 1972, p.79.

ceci se retrouve dans nos archives sous diverses formes: le carcan, le pilori ou encore la présence forcée à une exécution.

1.2.2 Des peines spectacles : le carcan et la présence forcée à une exécution.

Le carcan et le pilori ne sont en réalité pas très différents, du moins en ce qui concerne la logique de la peine, des condamnations corporelles étudiées précédemment, puisque dans tous les cas ce qui est recherché par le parlement, c'est l'exposition publique des criminels.

Nous pouvons nommer ces peines, de « peines-spectacles » puisqu'il s'agit ici d'exposer le futur banni aux quolibets de la foule, le carcan ou pilori étant toujours mis en place de manière évidente et très visible dans des places ou lieux très fréquentés, notamment là où se situent foires et marchés. Le carcan consiste à attacher le délinquant à un poteau, les bras au-dessus de la tête, le dos voûté, en lui enserrant le cou au moyen d'un cercle de fer ou de bois.

Le pilori ressemble à un carcan, mais en plus élaboré puisqu'il s'agit ici d'une sorte de bâtiment de bois carré avec en son centre un carcan qui pivote, permettant ainsi de mieux exposer le criminel attaché. En plus de cette mise en scène, il arrive souvent que le criminel porte un écriteau devant et derrière lui où est inscrit son crime, ce qui rajoute une humiliation supplémentaire et avec cette pratique, chacun sait ce qui lui arrivera s'il commet tel ou tel délit conduisant au carcan ou au pilori.

Le carcan est le châtiment des crimes « ayant causé scandale public sans être capitaux, celui qui y est condamné est conduit à pied, les deux mains liées en avant et attaché au derrière de la charrette de l'exécuteur jusqu'au poteau planté sur la place publique auquel est attaché une chaîne, au bout de laquelle pend un collier de fer de trois doigts de large[37] ». Cette description nous montre bien à quel point la mise en scène de l'exécution de la peine est importante puisqu'elle s'inscrit dans une logique d'éducation de la foule qui assiste à tout ceci, et cette exposition publique possède certainement une efficacité particulière puisqu'on retrouve cette peine régulièrement prononcée dans nos archives. Entre 1765 et 1785, la Chambre de La Tournelle prononce 24 condamnations au carcan ou à la perche, peine qui intéresse davantage les hommes que les femmes puisqu'elles ne représentent que 25% des bannis ayant subi cette sanction avant leurs exils. Jamais il n'est question pour notre période de condamnation au pilori, que se soit en première instance ou en appel au parlement, ce châtiment est semble-t-il réservé aux banqueroutiers, délit que nous n'avons pas rencontré dans les archives étudiées.

Les individus frappés par cette peine en appel à Dijon, sont généralement humiliés dans la ville, le village ou la localité où ils ont commis leurs actes répréhensibles, ce qui semble être évident puisque le but premier de cette exposition aux injures de la foule est de demander pardon à sa communauté trahie par le délit causé. Une personne commettant la faute à Bourg en Bresse ou à Beaune par exemple est renvoyée par la Cour dans ces lieux afin que l'accusé y soit accablé par la population concernée.

Le carcan, tout comme le fouet et la marque au fer rouge, est le complément d'une peine principale, il n'est que très rarement employé seul, il précède le bannissement et les juges cherchent par là, à atteindre l'honneur du criminel grâce aux moqueries et jets d'aliments de la population qui participe activement à l'application de cette peine.

---

[37] Anchel.R., *CRIMES ET CHATIMENTS AU XVIII° siècle*, Paris, Librairie Académique, Perrin, 1933, p.112.

Les délits les plus communément réprimés par ce châtiment sont des vols de grains ou de gerbes dans les champs, mais surtout les filouteries, les atteintes aux bonnes mœurs, notamment le maquerellage public et la bigamie, crimes qui comme nous l'avons dit plus haut provoquent des scandales publics. Ce qui est considéré comme filouterie peut prendre différentes formes, ainsi Pierre Roller[38] maître d'école, est condamné par la Cour à trois ans de bannissement hors de la ville de Dijon et sa banlieue pour « la fabrication de faux documents et usurpation d'identité, puisqu'il s'est fait passer pour un facteur afin de distribuer ces faux documents, d'avoir taxé ces documents et récolté l'argent », en outre il est condamné au carcan de la ville de Dijon, trois jours de marché de suite pour deux heures chaque fois avec un écriteau « Distributeur de Lettres Supposées ».

Claude Maulur[39], charbonnier, est quant à lui condamné à un bannissement de cinq ans hors du ressort de la Cour pour « avoir abusé de la crédulité des gens qui devoient tirer au sort de la milice, d'en avoir exigé de l'argent sous prétexte quil avoir par son sors et magie le pouvoir de les empêcher de tomber à la milice et menacé ceux qui ne voulaient pas payer », carcan de la ville de Dijon trois heures par jour pendant trois jours de marché avec un écriteau « Imposteur Se Disant Sorcier ». Nous pourrions multiplier les exemples d'impostures et de filouteries qui sont nombreux au cours de notre période. Dans la plus grande majorité des cas; ces criminels sont, en plus de leur bannissement, condamnés au carcan. Escroquer la communauté, c'est s'attaquer directement au roi et à son pouvoir, il est donc impératif pour le parlement, garant de cette autorité monarchique, de réparer cet affront tout en dissuadant de potentiels délinquants qui pourraient, dans la futur, chercher à imiter celui qui est le sujet de tant d'humiliation.

---

38 (AD) B II 46 art 36 (1767-1770) Arrêt du 16 février 1767.
39 (AD) B II 46 art 36 (1767-1770) Arrêt du 18 janvier 1769.

Les crimes contre les mœurs sont également très présents lorsque l'on regarde les condamnations au carcan et si la filouterie et les escroqueries d'argent semblent être des attributs de délinquants hommes, les atteintes aux bonnes mœurs peuvent être considérées comme des crimes nettement plus féminins.

Il faut souligner que nous n'avons jamais rencontré de cas dans nos archives, où les arnaques d'argent sont réalisées par des délinquantes femmes, en revanche ce n'est pas le cas pour les crimes contre les mœurs où elles sont majoritaires. Anne Chibert et Claudine Bonnardot[40] sont condamnées à trois ans de bannissement chacune hors du ressort de Chalon Sur Saône pour « maquerellage publique, séduction de jeunes filles, fréquentation de filles de mauvaises vies » elles sont également condamnées à être, ensemble, attachées à une perche avec un écriteau « Maquerelle public » et à être ainsi « promenées par l'exécuteur de la haute justice par les rues de la ville de Chalon, faubourg et lieux accoutumés de la ditte ville ». Les cas de prostitution et autres dérives sexuelles n'entrainent généralement pas d'importants bannissements en ce qui concerne leurs durées, de trois à six ans maximum, en revanche, le parlement condamne ces délinquants à de lourdes peines de carcan, souvent pour plusieurs jours avec de grands écriteaux et les lettres inscrites en gros caractères permettent ainsi aux passants de voir en quoi ces individus peuvent être considérés comme déviants.

Les hommes, bien que minoritaires, sont tout de même présents dans ces crimes contre les bonnes mœurs conduisant au carcan, c'est le cas de Jean Desbois[41], manouvrier, condamné à cinq ans de bannissement hors du ressort de la Cour, pour « avoir épousé deux femmes en même temps, de s'en être venté et de n'avoir pas quitté la seconde », condamné au carcan pour « trois jours de marchés consécutifs, chaque foi pour une heure et demie, ayant deux quenouilles à son côté et un écriteau: BIGAME ». Lorsqu'il s'agit de bigamie, la

---
40 (AD) B II 46 art 38 (1774-1777) Arrêt du 19 décembre 1775.
41 (AD) B II 46 art 39 (1778-1781) Arrêt du 18 décembre 1779.

mise en scène du carcan est singulière puisque le matériel de supplice s'agrémente de quelques artifices complémentaires des écriteaux indiquant le délit, les bigames hommes, comme c'est le cas avec notre exemple, sont attachés au carcan entre deux quenouilles, et les bigames femmes entre deux chapeaux. Des ornements supplémentaires qui symbolisent parfaitement les deux sexes, l'homme bigame prit entre deux quenouilles: symbole de deux femmes puisque la quenouille est un petit bâton garnit de la matière textile destinée à être filée, activité toute féminine, et la femme bigame est attachée entre deux chapeaux: représentation de la masculinité et des deux hommes avec qui elle partage son temps.

Comme nous l'avons constaté, le carcan est une peine à lourdes conséquences psychologiques pour le fautif, où le public joue un rôle primordial puisque c'est lui qui décide au final, par la violence de ses injures, si le criminel doit être humilié de manière plus où moins intense.

Le temps de l'exposition est très variable, il peut aller de une à quatre fois par jour et se prolonger pendant quatre jours consécutifs. Nos recherches indiquent que dans le ressort du parlement de Dijon, les temps d'exposition les plus usés sont de une à trois heures pendant un ou trois jours de marché, dans un seul cas on trouve une peine de quatre heures de carcan pendant trois jours de marché, mais en réalité, une large majorité des criminels sont exposés un seul jour de marché pendant deux heures.

Le carcan est considéré comme une véritable peine corporelle depuis les déclarations de janvier 1719 et juillet 1722, c'est sans doute ce qui explique la très faible présence de cette sanction dans les premières décennies du XVIIIème siècle, en effet lorsque l'on regarde les données utilisées pour d'autres travaux s'intéressant à ce châtiment, on constate que le parlement dijonnais utilise l'exposition publique de façon très épisodique puisque le carcan est prononcé, en appel, une fois par an en moyenne de 1700 à 1760 pour tous types de condamnations: bannissement et galères[42].

Une spécificité peut se dégager lorsque l'on s'intéresse au bannissement perpétuel, en effet le criminel n'est jamais condamné, en plus de son ban, à une peine physique que se soit le carcan ou la fustigation, de même que la flétrissure, le parlement considère certainement que le délinquant paie suffisamment sa dette envers la société avec cet exil définitif hors de sa communauté. Sur les seize bans perpétuels rencontrés en vingt ans, une seule personne se voit affliger une condamnation au carcan, Étienne Guillenimot[43], clerc tonsuré du diocèse d'Autun, est condamné au bannissement perpétuel hors du royaume pour « avoir fabriqué plusieurs faux écrits, d'avoir commis différents faux en apposant à une partie des signatures fausses et supposées même sous le nom de personnes en place, le tout troublant l'ordre de la société », exposé au carcan de la ville de Beaune, une heure, un jour de marché avec un écriteau Faussaire et Calomniateur. Le bannissement à perpétuité hors du royaume est la plus lourde condamnation, il est étonnant que la Cour rajoute à cela une peine de carcan, peut-être est-ce à cause du statut de la personne: un clerc, personnage public censé respecter le roi et Dieu plus que n'importe quel autre sujet du royaume.

Notons enfin, que le carcan est en général une peine qui, certes s'ajoute au bannissement, mais qui se suffit à elle-même en tant que condamnation infamante, c'est pourquoi les parlementaires dijonnais ne prononcent pas de peines telles que la fustigation ou la flétrissure en plus du carcan. Le déshonneur provoqué par cette exposition publique avant de déraciner le criminel de sa communauté, est sans doute un symbole assez fort sans qu'il soit nécessaire de rajouter les humiliations de la marque au fer chaud ou du fouet.

---

42 Fey.D., *Les peines corporelles en Bourgogne au XVIIIé siècle*, Mémoire de Maitrise, Université de Bourgogne, 1991-1992, p.74.
43 (AD) B II 46 art 39 (1778-1781) Arrêt du 29 janvier 1781.

Parfois, entre deux crimes équivalents, la Cour ne prononce pas de peine du carcan pour l'un des deux délinquants, mais cette sanction est remplacée par une présence forcée à l'exécution d'un complice. Une pratique qui est également une manière d'humilier publiquement un criminel, puisque là aussi le complice, qui assiste au supplice subi par l'auteur principal du délit, est exposé aux insultes et moqueries de la foule.

Cette sanction est donc prononcée dans des affaires où plusieurs individus sont inculpés, généralement des personnes d'une même famille ou de l'entourage proche, néanmoins, le parlement utilise très peu cette sanction puisqu'on la retrouve en quatre occasions seulement entre 1765 et 1785, et dans chaque cas, ce sont des femmes qui sont réprimandées par cette peine. Reprenons un arrêt étudié précédemment, celui du 19 décembre 1775, deux femmes sont condamnées au carcan pour « maquerellage public », Philiberte Foucherot[44], une complice, est quant à elle condamnée à un bannissement de un an hors de la ville de Chalon Sur-Saône, c'est-à-dire deux années de moins que les principales intéressées, « pour avoir retiré chez elle des filles de mauvaises vies », mais la Cour la condamne également à accompagner les deux autres à leurs exécutions. Même si cette dernière n'est pas attachée au poteau de la honte, elle est malgré tout le sujet des quolibets des passants qui humilient toutes personnes impliquées dans le crime en question.

Que ce soit avec la pratique de la fustigation, de la flétrissure ou encore du carcan, l'objectif de ces peines reste le même: il faut punir le coupable, tout en dissuadant la foule, qui assiste à ces exécutions, de reproduire les fautes commises par leurs semblables. Des mesures tant répressives qu'éducatives qui s'observent tout au long du siècle des Lumières et qui touchent tous types de criminels que ce soit au parlement de Bourgogne, ou dans le reste du royaume.

---

44 (AD) B II 46 art 38 (1774-1777) Arrêt du 19 décembre 1775.

Les dernières sanctions prononcées à l'encontre des futurs bannis, sont des peines d'ordre financières, qui sont les plus nombreuses dans nos archives, ainsi que les confiscations de biens dans les cas de bannissements perpétuels.

1.2.3 Les sanctions financières et confiscations de biens

Dans la grande majorité des cas de bannissements que nous avons rencontrés en vingt années étudiées, l'amende est présente. Si les autres peines qui accompagnent le ban ne se déclinent pas dans toutes les affaires, ce n'est pas le cas de la sanction financière qui reste la principale condamnation, après l'exclusion d'un territoire, pour le banni, seulement 16 criminels sur 268 ne sont pas condamnés à payer une amende. On peut alors se demander sur quels critères se base la Cour lorsqu'elle définit le montant à payer dans ses arrêts? Nous n'avons pas de précisions à ce sujet dans les archives de la Chambre de La Tournelle, mais nous pouvons tout de même émettre quelques hypothèses qui guideraient notre réflexion.

Après étude des arrêts du parlement, ce qui nous frappe dans un premier temps c'est l'homogénéité du montant des amendes tout au long de notre période, en effet il n'y pas de grosses différences entre ce que paie un banni en 1765 et celui qui est condamné quatre ans avant la révolution. Sur les 268 bannis par le parlement de Bourgogne, 205 individus sont condamnés à une amende égale ou inférieure à 20 livres[45], cela veut dire qu'en vingt ans, 77% des délinquants paient pratiquement tous la même somme, sans qu'il y ait de distinctions entre hommes et femmes, auteurs principaux de la faute ou simples complices, quelque soit la profession du prévenu ou la date de sa condamnation, le

---

45 Cf Annexe 3.

parlement semble harmoniser le montant des amendes sans chercher à exclure financièrement le condamné du reste du corps social. La plupart des amendes sont donc faibles, souvent égales ou inférieures à 10 livres, et dans plus de 90% des procédures criminelles, ces amendes sont adressées « envers le Roy », le restant pouvant être versé au bénéfice de la ville, du bourg ou de la seigneurie dans laquelle le préjudice a été commis. On peut alors en déduire, que ces sanctions financières, sont en réalité mises en place pour le paiement des frais de justice et non pour dédommager les victimes du crime. Dans le cas de vol par exemple, la Cour ordonne, régulièrement, dans sa sentence, que les biens soient rendus aux parties lésées, cette restitution d'effets volés peut compenser une hypothétique amende et dans ce cas, la sanction financière émise par le parlement envers le roi, sert à couvrir les dépenses occasionnées par l'ouverture d'une procédure criminelle.

Dans les archives étudiées, jamais il n'est question de réciprocité entre la durée du bannissement et le montant de l'amende, les sanctions financières émises par la Cour ne s'appuient pas sur le ban, et les bannis à perpétuité ne se voient pas affligés d'une amende plus lourde que ceux simplement exclus du ressort d'une ville pour trois ans par exemple. François Pernoudat[46], journalier, est condamné à trois ans de bannissement hors du ressort de la Cour « pour le vol d'une vache dans l'écurie d'un particulier » et 100 livres d'amende envers le roi. Une condamnation extrêmement sévère en ce qui concerne la peine financière, alors que le ban de cet individu n'est pas très important. Jacques Barrandt[47], vigneron, est condamné à un bannissement de 9 ans hors du ressort de la Cour pour « le vol de trois coupes de farine chez un particulier et du bois dans la forêt d'un seigneur », et une amende de 10 livres. Avec ces deux exemples, on comprend que l'amende n'est en aucun cas proportionnelle à la durée du ban, il faut alors

---

46 (AD) B II 46 art 37 (1771-1774) Arrêt du 29 avril 1772.
47 (AD) B II 46 art 38 (1774-1777) Arrêt du 27 octobre 1775.

chercher une autre explication et notamment voir s'il existe une corrélation entre ce que doivent payer les futurs bannis et les crimes qu'ils ont commis.

Anteluce Porret[48], vigneron, est condamné à un bannissement de trois ans hors du ressort de la Cour « pour vol de quatre chemises et du vin de l'évêque dans l'église de son village », son amende ne dépasse pas les 10 livres envers le roi. Nous avons vu plus haut, un homme condamné lui aussi à un bannissement de trois ans hors du ressort de la Cour pour le vol d'une vache, mais son amende est dix fois supérieure à celle de ce vigneron. Comment interpréter un tel écart entre ces deux sanctions financières alors que les deux individus sont jugés la même année, pour des vols conduisant au même bannissement? Le motif le plus plausible qui justifierait une telle différence est sans doute la valeur des marchandises dérobées puisque nous sommes en présence d'un côté, du vol d'une vache, face à un larcin minime, le dépouillement de quelques coupes de farine. Le parlement dans sa décision finale, tient compte du préjudice commis avec le vol d'un animal et estime que ceci doit être plus sévèrement réprimandé que le vol de farine ou de nourriture, ceci se vérifie tout au long de notre période, Antoine Vuaillar et Pierre Pernod[49], sont condamnés l'un et l'autre, à un bannissement de 9 ans hors du ressort de la Cour et 100 livres d'amende chacun envers le roi « pour le vol d'une jument et la vente de la bête volée dans une foire ».

Avec la multiplication de ce genre de cas, on peut supposer que la justice sait ajuster les amendes face à la gravité de l'acte, ainsi les vols d'animaux, de grosses sommes d'argent, les filouteries et escroqueries restent des crimes qui entrainent de lourdes amendes, alors que les crimes contre les bonnes mœurs, les petits larcins et les violences physiques contre un tiers, n'entrainent pas de sanctions financières importantes. Cependant, notons que la Cour n'aurait pas

---

48 (AD) B II 46 art 37 (1771-1774) Arrêt du 9 décembre 1772.
49 (AD) B II 46 art 35 (1765-1767) Arrêt du 23 janvier 1766.

d'intérêts particuliers à émettre de lourdes amendes, en effet, combien d'accusés pourraient payer des sommes exorbitantes lorsqu'on sait que la plupart d'entre eux sont des journaliers, domestiques, petits paysans ou même vagabonds? Ne pas accabler le futur banni d'une peine pécuniaire importante est peut-être une stratégie des parlementaires afin d'éviter de trop alourdir la sentence finale du condamné et ainsi ne pas totalement l'exclure du corps social, enfin ajoutons que, « la perte d'une partie du patrimoine, déjà modeste, pousse les plus démunis à commettre d'autres délits pour subsister[50] ».

Une sanction toute particulière reste à étudier ici, c'est le cas des confiscations de biens qui touchent uniquement les bannissements perpétuels. Aucune des seize personnes bannies à perpétuité n'échappent à cette peine, qu'elles soient expulsées hors du ressort de la Cour ou hors du royaume. Ce châtiment est considéré comme extrêmement grave et déshonorant puisque qu'il ne touche pas seulement le criminel en lui-même, mais bel et bien l'ensemble de sa famille qui se verra privée de son patrimoine. Cette infamie pénale entraine fatalement la mort civile de toutes les personnes vivant avec le condamné, un dénuement social dont il est difficile de se remettre et qui, pour la faute d'un seul individu, plonge plusieurs particuliers dans la misère et la honte. Dans les arrêts du parlement, ceci est formulé de la même manière pour chaque ban perpétuel: « La Cour, a déclaré et déclare tous ses biens acquis et confisqués au proffit de qui il appartiendra, sur iceux préalablement pris la somme de cent livres d'amende envers le Roy au cas que confiscation n'ait lieu au proffit de Sa Majesté », la somme de 100 livres envers le roi n'est pas une amende établie pour tous les cas de bannissements perpétuels et il arrive que les sommes relevées au profit de Sa Majesté sur la confiscation des biens soient inférieures, cela peut aller de 30 à

---

50 Benavides.C., *Les peines pécuniaires: la législation Espagnole et son application au XVIIIème siècle,* acte du colloque, *Justice et Argent : les Crimes et les peines pécuniaires du XIIIème au XXIème siècle*, sous la direction de Garnot.B., Dijon, EUD, 2005, Chapitre 24. p. 286.

100 livres au maximum. Quel est le bénéficiaire de cette confiscation? Ceci n'est pas précisé dans nos archives, mais il semble certain que la confiscation ne se fait jamais au profit des victimes du crime, Carbasse.J.M.[51], nous indique que « l'édit d'août 1679, décide qu'un tiers des biens confisqués sera donné aux hôpitaux, tandis que les deux autres tiers serviront à couvrir les frais de justice et à entretenir l'épouse et les enfants du condamné. » Nous n'avons pas de précisions en ce qui concerne le XVIIIème siècle, mais il paraît évident que cette confiscation se fasse au profit du roi, c'est du moins ce qu'il se dégage lorsqu'on lit les arrêts du parlement.

Peut-on considérer cette peine particulière qui ne touche qu'un seul type de bannissement, comme un outil d'exemplarité supplémentaire utilisé par le parlement? Cette mesure ne touchait pas uniquement le criminel, mais également la famille de ce dernier et « les juristes déclaraient explicitement qu'il était de l'objectif de l'exécution publique d'ajouter au déshonneur des parents, comme le nom de famille du condamné était répandu par l'arrêt, les parents du criminel étaient ainsi souillés juridiquement et socialement par l'infamie pénale: le crime, pensait ainsi la justice du roi, pouvait être évité si la famille, menacée par la peine de son parent, prenait, avant le délit, les dispositions nécessaires pour l'empêcher[52] ». Les peines corporelles étudiées auparavant, sont des moyens pédagogiques destinés principalement au criminel en lui-même ainsi qu'au public assistant à l'exécution de la peine, avec la confiscation de biens, la Cour franchit une étape supérieure, puisqu'elle intègre dans cette logique éducative de la crainte du châtiment, la famille d'un éventuel futur délinquant.

---

51 Carbasse.J.M., *Histoire du droit pénal et de la justice criminelle*, Paris, PUF, 2000, p.276.

52 Bastien.P., *La seconde punition: quelques remarques sur la confiscation des biens dans la coutume de Paris au XVIIIème siècle,* acte du colloque, *Justice et Argent : les Crimes et les peines pécuniaires du XIIIème au XXIème siècle*, sous la direction de Garnot.B., Dijon, EUD, 2005, Chapitre 23. p. 272.

Le bannissement, qui reste notre peine principale ici, n'est jamais prononcé seul, d'autres peines accompagnent le criminel dans son exil, peines qui s'inscrivent dans une logique d'éducation des masses par l'effroi. Avant son expulsion forcée hors d'un territoire donné, le futur banni est humilié publiquement et doit se repentir envers sa communauté qu'il a trahie, c'est le but des peines afflictives et infamantes qui s'ajoutent au ban.

Si avec notre première partie nous avons pu voir à quel point la peine du bannissement est une sanction modulable et qui s'adapte à certaines conditions, le deuxième moment de notre étude doit se pencher sur la question des criminels et de leurs délits conduisant à l'exil.

2. Les criminels et leurs délits.

L'étude des archives de la Chambre de La Tournelle, nous donne de nombreuses informations sur la population délinquante punie par le bannissement. Que se soit sur le sexe des fautifs, leurs professions, les actes commis... les arrêts du parlement de Bourgogne nous apportent toutes ces données qui permettent, par la suite, de voir si le banni et le délit qui lui est rattaché, se distingue ou non du reste de la population criminelle dans son ensemble, c'est ce que nous développerons dans cette partie.

2.1 Étude des bannis du parlement de Bourgogne

2.1.1 Présentation des criminels: sexe, âge et catégories socioprofessionnelles

Sous l'Ancien Régime, le crime est définit de la manière suivante: « c'est tout ce qui se commet contre la prohibition des Lois, tant naturelles que civiles, et pour raison de quoi les hommes sont sujets à quelques punitions, le fondement de la justice pénale y est, d'abord, la loi révélée par Dieu, et que tout être humain peut d'ailleurs retrouver en lui grâce aux lumières naturelles de la raison: personne ne peut prétendre ignorer les interdictions du droit naturel inscrites dans le Décalogue ou dictées par Dieu: l'homicide, le vol, les violences, la fornication, l'inceste...[53] ». Une définition qui reste cependant le point de vue d'une minorité de la société, et dans les faits, la criminalité n'est pas abordée de la même manière par l'opinion publique qui fixe des priorités répressives

---

53 Bély.L. (dir), *Dictionnaire de l'Ancien Régime*, Paris, Quadrige, PUF, 2005, p. 372.

pouvant parfois différer des théories établies par les professionnels de la justice. Il est important de souligner que les archives peuvent donner une vision déformée de la réalité criminelle, rappelons que tous les délinquants ne vont pas systématiquement devant la justice et donc une partie seulement des crimes sont présents dans nos arrêts du parlement. Néanmoins, il est intéressant de voir, avec les données que nous possédons, si les crimes conduisant au bannissement sont représentatifs des comportements rejetés par la société d'Ancien Régime, c'est-à-dire, comprendre à travers nos archives, quelles sont les valeurs défendues par l'ensemble de la communauté.

Dans un premier temps, intéressons-nous aux individus commettant les délits, et voyons s'il existe un schéma type d'un banni au parlement de Bourgogne dans la seconde moitié du siècle des Lumières.

Les individus condamnés au bannissement s'inscrivent dans la même lignée que les autres criminels: des hommes pour la plus grande majorité, appartenant à des catégories professionnelles que l'on peut considérer comme basses. La forte représentation masculine dans nos archives, sur 268 bannis, 75% sont des hommes[54], ne signifie pas pour autant l'exclusion totale de la criminalité féminine, 67 femmes bannies entre 1765 et 1785. Cet écart important entre les deux sexes ne fait pas figure d'exception en ce qui concerne l'étude de notre peine, en effet, de manière générale, les femmes sont beaucoup moins présentes dans les archives judiciaires que se soit en Bourgogne ou dans le reste de la France. Cela ne signifie pas que les femmes sont moins criminelles ou plus morales que les hommes, cette sous-représentation féminine dans les arrêts du parlement trouve en réalité son explication dans des origines culturelles et sociales.

---

54 Cf. Annexe 4.

Le statut social de la femme dans l'Ancien Régime n'est pas du tout le même que celui de l'homme, et ici c'est « toute une conception de l'honneur masculin qui entre en jeu: l'homme est le chef et le responsable du ménage, et c'est lui qui doit assumer devant la justice les fautes de ses protégés, épouse comprise[55] ». C'est le statut même de la femme qui empêche que leurs crimes apparaissent en justice, d'où cette représentation faussée dans nos archives, dans les faits, en vingt ans, 25% des bannis par la Chambre de La Tournelle, mais il est sans doute probable que ceci soit sous-estimé, il faut donc prendre des précautions lorsqu'on utilise des données quantitatives venant de fouilles dans les archives et par là-même ne pas en tirer de conclusions strictes et définitives.

Les procédures criminelles qui ont des femmes au cœur de leurs affaires nous montrent à quel point le statut féminin est pratiquement inexistant, la femme qui est l'objet d'un bannissement n'est jamais prise en considération en tant que personne à part entière au même titre qu'un homme. Certes la sentence finale reste identique dans les deux cas: il n'y a pas de distinction entre un bannissement féminin ou masculin, mais lorsqu'il s'agit d'une criminelle, celle-ci est presque toujours désignée dans les arrêts comme: épouse de...; fille de....ou mère de...tel ou tel individu. Cette désignation particulière qui ne sépare quasiment jamais la femme de l'unité familiale se retrouve tout au long de notre période sans qu'il n'y ait aucunes évolutions.

Claudine Baudor[56], est femme de Jean-Baptiste Marigny, maître menuisier, c'est elle qui est jugée, seule responsable du crime commis, pourtant elle est mentionnée en tant que femme de..dans la procédure criminelle.

Claudine Guyot[57], est femme de Pierre Matrot, journalier, là aussi il s'agit d'un

---

55 Garnot.B., *Justice et société en France aux XVI, XVII, XVIII siècles,* Paris,OPHRYS, 2000, p.68.69.
56 (AD) B II 46 art 35 (1765-1767) Arrêt du 21 juillet 1766.
57 (AD) B II 46 art 41 (1784-1786) Arrêt du 11 octobre 1785.

crime commis uniquement par la femme et pourtant on retrouve cette non-séparation entre la femme accusée et condamnée et son statut d'épouse qui est écrit dans les premières lignes de l'arrêt. On comprend clairement que le statut social de la femme se retrouve dans son statut juridique pourtant à crimes égaux entre les deux sexes, châtiments équivalents.

Beaucoup de femmes sont également désignées comme fille de telle personne, il est possible que dans ce cas là, l'accusée ne soit peut-être pas encore majeure et émancipée, précision que les archives n'apportent pas puisque l'âge ne figure sur aucun arrêts du parlement. On peut également supposer que la femme n'ayant jamais quitté le domicile familial et donc qui ne se serait jamais mariée, peut aussi être mentionnée en tant que fille de...le statut paternel remplaçant ici celui du mari.

Les futures bannies par la Cour représentent donc au final 25% des condamnés à ce châtiment entre 1765 et 1785, un chiffre qui ne se démarque pas ou peu des 20% de femmes poursuivies en justice dans le ressort du parlement de Dijon entre 1760 et 1790. Le bannissement et ceux qui y sont condamnés n'ont donc au final,aucune originalités ou distinctions par rapport aux autres condamnations, en ce qui concerne la répartition sexuelle des criminels.

Nous avons très peu de détails sur les personnes accusées dans les arrêts du parlement, le futur banni est présenté de façon sommaire, au mieux nous connaissons son nom, sa profession et un extrait de la sentence de première instance qui nous présente brièvement le crime et son contexte. Peu d'informations donc, et certaines données manquent cruellement, notamment une importante: l'âge du délinquant.

L'âge du criminel est le renseignement qui fait le plus défaut dans nos archives, en vingt années étudiées et sur 268 cas de bannissement jamais il n'est question, sauf pour une seule affaire, de dates de naissance. Les indications les plus précises que l'on ai reste assez floues et il faut se contenter alors de: « garçon majeur », « fille ainée ou fille majeure ». Le parlement n'est pas responsable de ce manque de données, ceci n'est certainement pas un oubli lors de la rédaction de l'arrêt, sans doute est-il plus vraisemblable que les délinquants eux-mêmes ne sachent pas réellement l'âge qu'ils ont. Jean Boison[58], âgé d'environ 16 ans et Claude Bastille âgé de 23 à 25 ans, sont accusés de vol de poissons. Ces deux jeunes gens restent des cas rares puisqu'ils sont les seuls où l'âge est indiqué dans la procédure criminelle, cependant il faut remarquer que tout ceci est incertain, on ne sait pas vraiment quelle est leur date de naissance, l'un à plus ou moins 16 ans et l'autre peut très bien avoir 23 ou 26 ans, aucune preuve administrative ne permet un identification certaine de l'accusé ou ces derniers peuvent très bien mentir sur leurs véritables âges.

Les études réalisées sur la criminalité au XVIIIème siècle, tendent toutes à montrer une relative jeunesse des prévenus. Le dénombrement de 1786, montre qu'en Bourgogne 61% de la population se trouve dans une tranche d'âge allant de 15 à 59 ans, il paraît alors évident que c'est cette même population qui sera le plus intéressée par la criminalité et donc par la justice. On peut donc supposer que notre population criminelle condamnée au bannissement doit être une population jeune, notons que les plus âgés, bénéficiant d'un meilleur réseau familial et mieux installés dans la société, sont parfois moins poursuivis par la justice. Nous pouvons imaginer également que la Cour préférera bannir un jeune criminel moins établit dans sa communauté, qui n'a peut-être pas encore de foyer propre à entretenir et qui pourra ainsi reconstruire sa vie plus facilement, plutôt

---

58 (AD) B II 46 art 35 (1765-1767) Arrêt du 2 décembre 1765.

que d'exiler une personne plus âgée qui aura sans doute plus de responsabilités au sein de son ménage ou de sa communauté.

Ceci reste cependant une hypothèse qui est difficilement vérifiable, d'autant que nous pouvons également émettre une théorie inverse, le bannissement pourrait être vue comme une peine intéressant une population plus âgée, le parlement ne voulant pas envoyer ces personnes aux galères du roi, choisissant alors une alternative moins difficile pour des individus physiquement diminués par l'âge.

Nous ne pouvons donc pas donner de statistiques objectives et représentatives en ce qui concerne l'âge des bannis du parlement de Bourgogne, les populations jeunes n'ont pas le monopole de la criminalité et comme il y a une délinquance féminine, il y a aussi des condamnés d'âge mûr, c'est certainement l'appartenance à un corps social plus développé et donc plus influant qui protège davantage les criminels âgés par rapport aux jeunes accusés.

Les arrêts du parlement nous montrent donc que le criminel ne peut être identifié au niveau de son âge, cependant d'autres informations nous permettent de mieux appréhender le futur banni et c'est le cas notamment avec les informations concernant sa profession.

« L'opinion, et souvent aussi la tradition historiographique, considèrent que la plupart des criminels sont des pauvres, des étrangers ou des marginaux[59] ». Les bannis du parlement de Bourgogne ne dérogent pas à la règle générale du criminel type du XVIIIème siècle, puisque la large majorité des prévenus est issue des couches les plus basses de la société. Plus de 30 professions différentes[60] peuvent être recensées dans les archives, professions masculines pour la plus grande majorité, ce qui paraît évident puisque l'homme est

---

59 Garnot.B., *Justice et société en France aux XVI, XVII, XVIII siècles,* Paris,OPHRYS, 2000, p.71.
60 Cf Annexe 5.

responsable du foyer et c'est lui qui, grâce à son travail et le salaire qui en découle, va subvenir aux besoins du ménage. Tous ces métiers évoqués dans les procédures criminelles nous confortent dans l'idée que nous nous faisons de la criminalité sous l'Ancien Régime, c'est-à-dire, une délinquance qui est avant tout le fruit d'une précarité sociale, perpétuée par les plus démunis de la société.

Ces observations signifient-elles pour autant que la pauvreté entraîne fatalement le passage à l'acte criminel? Certes les circonstances sociales et l'exclusion économique jouent certainement un rôle non négligeable dans la délinquance: voler pour manger ou s'habiller, escroquer les plus nantis pour subvenir aux besoins d'un foyer, ces comportements peuvent sans doute être mis en relation avec la situation professionnelle de l'individu commettant le délit. Néanmoins, ces catégories socioprofessionnelles sont abusivement représentées dans les arrêts du parlement, en effet, il faut nuancer cette surévaluation des plus pauvres et les informations que nous avons sur ce sujet ne doivent pas forcément être considérées comme preuves indéniables. Même si nous ne pouvons pas contester que la plupart des bannis sont d'origine modeste, les données en notre possession ne sont pas totalement irréfutables puisque sur 268 cas de bannissement, 92 affaires ne précisent pas la profession de l'accusé, ce qui représente tout de même près de 35% de l'effectif total.

D'autre part, l'aspect aléatoire de la profession est présent dans beaucoup de procédures criminelles, il n'est pas rare de voir se genre de formulations: Jacques Bouchardy[61], se disant marchand de bœufs et de moutons, ou encore Benoît Navoiset[62], se considérant comme sans domicile fixe depuis 11 mois. Les exemples de ce type se multiplient tout au long de nos vingt années étudiées, des renseignements qui ne sont donc pas toujours fiables et qu'il faut interpréter avec prudence et comme nous l'avons vu avec l'âge des bannis, on peut aussi se dire

---

61 (AD) B II 46 art 36 (1767-1770) Arrêt du 10 février 1770.
62 (AD) B II 46 art 38 (1774-1777) Arrêt du 8 octobre 1774.

qu'en ce qui concerne la profession, les criminels peuvent très bien dissimuler leurs véritables situations.

Nous ne pouvons dire de façon objective si telle ou telle profession et plus ou moins concernée par la criminalité conduisant au bannissement, il arrive fréquemment dans nos archives de trouver des individus qui exercent plusieurs métiers ainsi, Germain Blanchot[63], est manouvrier et milicien, Antoine Pasquier[64], manouvrier et domestique ou encore Pierre Chambion[65], soldat provincial, se disant vigneron de sa profession. Des cas qui ne sont pas isolés et comment savoir si l'individu incriminé exerce plusieurs métiers par nécessité ou si ce dernier cherche à troubler les juges en dissimilant quelque peu sa véritable personnalité.

De même, il est régulièrement précisé dans les arrêts que telle ou telle personne est « sans domicile fixe » ou « vagabond », ces étrangers de la communauté concernée par le crime sont dans une situation particulière puisqu'ils ne sont pas intégrés à la vie locale. On peut alors lire dans les sentences de premières instances, qu'en plus du délit pour lequel un vagabond est condamné, d'autres crimes lui sont reprochés, parfois sans aucunes connexions les uns des autres et cela fausse certainement le jugement des parlementaires.

Cette catégorie la plus pauvre et la plus exclue du peuple peut à certains endroits endosser le rôle de bouc-émissaire pour répondre aux maux d'une localité qui n'a pas su ou voulu trouver les véritables coupables, Catherin Galand[66],est sans domicile fixe, il est accusé « de vie errante et vagabonde et d'être mendiant valide, comme encore d'avoir commis le vol de deux pièces de toile, ou encore accusé de vol de plusieurs linges dans le jardin de la ditte Mouchot, et autres

---

[63] (AD) B II 46 art 38 (1774-1777) Arrêt du 19 janvier 1775.
[64] (AD) B II 46 art 38 (1774-1777) Arrêt du 15 juillet 1777.
[65] (AD) B II 46 art 40 (1781-1784) Arrêt du 7 février 1784.
[66] (AD) B II 46 art 40 (1781-1784) Arrêt du 13 juillet 1784.

vols les mois précédents ». Une population marginale qui peut dans certaines affaires être utilisée afin de redonner une cohésion sociale à la communauté qui attend un coupable, pour autant ces personnes qui se trouvent être hors des normes admises de tous, ne sont pas plus criminelles qu'une autre catégorie socioprofessionnelle.

Tous ces éléments que nous venons d'évoquer, nous permettent de comprendre que même si dans les faits, le banni est en général une personne se trouvant être dans une situation sociale et économique désavantageuse, en réalité tout ceci doit être modéré puisque les archives peuvent nous donner une vision déformée, toutes les catégories socioprofessionnelles ne sont pas poursuivies en justice, les voleurs domestiques sont sévèrement punis par les parlementaires avec un bannissement assez long, en revanche, les maîtres violents envers leurs servantes ne sont jamais présents dans nos procédures criminelles étudiées, cela ne veut pas dire que la criminalité chez les plus aisés de la société d'Ancien Régime n'existe pas, mais tout simplement, que tous n'ont pas la même chance devant la justice.

Les bannis du parlement de Bourgogne que nous avons observés dans les archives de La Chambre de La Tournelle, sont donc, de manière générale, des criminels qui correspondent au profil type de l'ensemble des délinquants rencontrés dans cette société française de la seconde moitié du XVIIIème siècle. Les arrêts nous donnent quelques pistes de réflexion sur les criminels, mais il est cependant nécessaire de faire preuve d'esprit critique en ce qui concerne les données que nous avons à notre disposition puisqu'en réalité, les archives nous offrent une vision incomplète de la réalité criminelle du siècle des Lumières. Nous avons essayé de définir dans un premier temps quelles étaient les caractéristiques du futur banni, voyons dans notre seconde sous-partie le passage à l'acte criminel.

2.1.2 Le passage à l'acte criminel: des délinquants agissant seuls ou en réseaux?

Si les archives restent assez imprécises sur la personnalité du criminel, ce n'est pas le cas lorsqu'il s'agit de l'acte délinquant en lui-même. En effet, le moment du crime est très détaillé, que se soit sur le plan géographique ou le moment du délit, les arrêts nous fournissent ces précisions. Le moment où le criminel décide de passer à l'acte n'est pas anodin ou irrationnel, bien au contraire, nos recherches montrent que le délinquant agit souvent de la même façon, c'est-à-dire que celui-ci attend le moment propice pour réaliser son délit. Il semble évident que certaines heures de la journée ou certains endroits vont créer un contexte propice pour commettre un délit, les lieux publics, les grands chemins ou encore la nuit tombante sont autant d'éléments qu'il faut prendre en compte ici.

Il serait également intéressant de s'attarder sur l'action même du délinquant, autrement dit, voir si celui-ci agit de manière solitaire dans son acte, ou s' il est entouré: intégré dans une bande ou agissant en famille. D'autre part, nous pourrons voir si il y a une différence dans la façon de procéder entre la délinquance féminine et la criminalité masculine.

Les moments et le temps du crime, sont des éléments communs que l'on retrouve dans toutes les études concernant la criminalité, les délits conduisant au bannissement ne se distinguent pas dans ce domaine.

La plus grande partie des futurs bannis, le sont pour cause de vols, et ce crime particulier s'intègre dans un contexte géographique spécifique, puisque la plupart de ces délits ont lieu dans des endroits publics. Nombreux sont les voleurs qui commettent leurs larcins dans les cabarets ou dans la rue, notamment sur les foires et marchés, lieux de tentations puisque les marchandises sont exposées librement et la foule compacte qui s'y trouve attire les pickpockets. Gabriel René[67], est accusé « d'avoir, à la foire, mit la main dans le gousset dudit Lapierre, d'en avoir tiré sa bourse et de l'avoir laissé parce que le dit Lapierre qui s'en aperçut luy saisit la main », François Dubert et sa femme Marie Delaye[68], lui est accusé « d'avoir volé dans la poche dudit Lapollier, lors de la tenue d'un marché, une bourse avec 7 livres 5 sols qu'il remit à Laditte Delaye dans son dos sous son habit ». Nous pourrions également multiplier les exemples en ce qui concerne les vols à l'étalage puisque nos archives regorgent de ce genre de cas de figure, on ce rend très vite compte que les lieux publics, où la foule et le bruit facilitent le passage à l'acte, sont très présents dans nos arrêts. Le cabaret est certainement le deuxième endroit le plus fréquemment cité dans les procédures criminelles: les vols de vestes, culottes, argent ou encore de tasses d'argent, foisonnent tout au long de notre période. Philibert Gadiver[69] est accusé « d'avoir volé le sous, le voile de l'hospitalité, six draps de lit dans le cabaret de Jean Ferrand » Jean Claude Gay[70], est accusé « d'avoir volé dans le cabaret du nommé Deforge, une tasse d'argent appartenant audit Rousset et de s'être enfuit, il fut trouvé nanti de cette tasse lorsqu'il fut arrêté ». Les lieux publics, quels qu'ils soient, encouragent l'acte criminel, les délinquants préférant choisir un endroit fréquenté, où la population rassemblée et en mouvement, va créer un contexte favorable pour les délinquants. Ces endroits très fréquentés sont un cadre idéal pour les criminels, mais se sont eux également qui fournissent le plus de témoin.

La surpopulation des endroits publics entraîne une surexposition pour les criminels, comment se dissimuler dans une foule lorsque l'on dérobe une pièce

---

67 (AD) B II 46 art 38 (1774-1777) Arrêt du 30 juillet 1777.
68 (AD) B II 46 art 39 (1778-1781) Arrêt du 23 octobre 1778.
69 (AD) B II 46 art 36 (1767-1770) Arrêt du 17 février 1767.
70 (AD) B II 46 art 40 (1781-1784) Arrêt du 8 octobre 1781.

de toile à un marchand dans une foire par exemple? Les témoins du crime peuvent être nombreux et la victime peut ainsi aisément porter plainte en étant persuadée du soutien des différentes personnes assistant à la scène. C'est sans doute ce qui explique cette écrasante majorité de crimes commis dans des lieux publics présents dans les archives, il n'est pas commode pour le délinquant d'échapper à la justice lorsque celle-ci s'appuie sur des témoignages pouvant venir de plusieurs particuliers et allant tous dans le sens de la victime.

La criminalité touche aussi les endroits plus privés ou plus isolés, on trouve parfois dans nos arrêts des criminels condamnés pour avoir violentés des personnes sur des chemins, dans des bois ou des maisons particulières, mais ces crimes sont beaucoup moins conduits en justice à défaut de pouvoir réellement prouver la culpabilité du délinquant. Les lieux plus privés ou écartés des grands rassemblements de foule, bien que concernés par la criminalité, restent moins présents dans nos archives car il est plus difficile de trouver les preuves d'un acte criminel dans des endroits qui, par définition, écartent toute possibilité de témoignage.

Le passage à l'acte pour le criminel est une affaire d'espace géographique ainsi le pickpocket sévira dans un endroit fréquenté, de jour, alors que celui qui est condamné pour violence sur une personne ou crime contre les bonnes mœurs, passera à l'acte dans des lieux discrets reculés de tous témoins.

Nous pouvons avoir d'autres précisions concernant le moment du crime mais tous les arrêts ne nous fournissent pas la même densité d'informations et souvent les extrait des premières instances se contentent de décrire brièvement, le délit commis sans étoffer sur les circonstances de l'acte criminel, et la sentence pour laquelle le prévenu fait appel. Les autres détails dont nous avons parfois connaissance s'attachent tout particulièrement au moment de la journée, ainsi la nuit est un moment privilégié, surtout pour les vols domestiques ou ceux avec effractions par exemple, lorsque les crimes ne sont pas commis de nuit, il n'y a pas de précision, mais il est peu probable que l'on sache exactement à quel moment le criminel décide de passer à l'action, tout au plus il faut ce contenter de: « accusé d'avoir commis de nuit... » ou alors « accusé de s'être introduit, entre les six heures et neuf heures du soir... ». Même si la criminalité s'exprime tout au long de la journée, près de 40% des délits conduisant au bannissement, se déroulent le soir ou dans la nuit, moment où l'anonymat du criminel peut être conservé plus facilement qu'à d'autres heures de la journée.

Les délinquants condamnés au bannissement observent presque tous la même logique lors de leurs passages à l'acte en ce qui concerne le contexte temporel et spatial du délit, voyons maintenant si nous pouvons faire les mêmes observations lorsqu'on s'intéresse à la pratique même de la criminalité, c'est-à-dire voir si le criminel agit principalement seul ou accompagné d'autres individus.

Les personnes qui nous avons étudiées tout au long de ces vingt années, peuvent être considérées comme des « criminels occasionnels [71] » qui ne s'intègrent pas dans une bande de délinquants professionnels. Des criminels d'un jour qui agissent de façon spontanée, sans organisation spécifique, ce qui signifie que le passage à l'acte se fait de manière individuelle et impulsive et pour la plupart, sans préméditation. Le banni, dans nos procédures criminelles, est un individu ordinaire, agissant seul et rarement récidiviste, en effet, dans 75% des cas, la personne condamnée à l'exil, est expulsée hors d'un territoire après avoir commis un seul délit. Nous rencontrons néanmoins dans nos archives de nombreux cas où le délit est réalisé de façon collective, et notamment un acte pratiqué avec des membres de la famille.

Dans 21% de nos procédures criminelles, les délinquants agissent avec des

---

71 Garnot.B., *La justice en France de l'An Mil à 1914*, Paris, Nathan Université, 1993, p.18.

complices, en général des individus qui s'inscrivent dans un réseau familial proche: mari et femme, un parent et un enfant, deux cousins, ou dans certaines affaires c'est la famille dans son ensemble qui est condamnée. Les cas où le criminel agit avec des individus qui ne sont pas de sa famille sont plus rares et ils concernent des délits exceptionnels comme la prostitution ou les violences physiques aggravées, ainsi reprenons un exemple que nous avons déjà étudié précédemment où trois femmes[72] sont condamnées à différents bannissements pour « maquerellage public et prostitution », ces trois personnes ne sont à priori pas membres de la même famille, toutes trois ne semblent pas être mariées et aucune ne porte le même nom de jeune fille. Une autre affaire impliquant plusieurs personnes qui n'ont aucun liens de parenté est présente dans nos archives, cinq hommes[73], tous compagnons menuisiers ou serruriers, sont condamnés par contumace à cinq ans de bannissement chacun pour « avoir formé le complot de maltraiter et exécuter d'autres compagnons, de s'être attroupés, de s'être munis de cailloux et d'avoir maltraités grièvement des compagnons ». Ces deux affaires restent des cas isolés et lorsque les criminels n'agissent pas seuls, ils le font en s'appuyant sur des connaissances proches et la complicité de la famille reste sans doute une garantie pour les auteurs du délit de n'être ni trahis ni trompés. Lorsque la fille agit avec la mère ou que le fils est complice du crime de son père, on est en droit de ce dire qu'aucun des deux n'ira dénoncer le crime commis, les liens familiaux unissant les délinquants peuvent être perçus ici comme un gage de sûreté pour tous ceux qui sont impliqués dans le délit.

Les procédures criminelles incriminant différents individus nous révèlent une différence entre la délinquance féminine et la criminalité masculine. Les femmes agissant seules sont très peu nombreuses et dans pratiquement tous les cas il

---

72 (AD) B II 46 art 38 (1774-1777) Arrêt du 19 décembre 1775.
73 (AD) B II 46 art 38 (1774-1777) Arrêt du 13 juillet 1775.

s'agit d'infanticides, de fausses déclarations de grossesses ou encore de vols domestiques pour les servantes, mais pour les autres délits elles sont toujours accompagnées dans le passage à l'acte de leurs maris, leurs enfants ou même leurs parents pour les plus jeunes. Anne et Françoise Patrouilliot[74] sont accusées toutes deux « d'avoir volées en différents lieux du miel, du bois propre et des fruits de terre », le père, Philibert Patrouillot est quant à lui accusé « d'avoir favorisé les vols faits par ses enfants ». Henriette Maraillot[75], femme de Jacques Escard, est accusée « d'avoir volée pendant le cours du Carême la plus grande et la plus belle partie du poisson provenant de l'étang de Jacques Pierrot », son mari est accusé « d'avoir encouragé sa femme ».

Dans ces deux affaires, les femmes sont à l'initiative du crime et les hommes sont les complices, bien sûr, les hommes peuvent également avoir des complices, mais ceci est beaucoup plus rare que pour la délinquance féminine. Le passage à l'acte criminel, lorsque celui-ci implique des femmes en tant qu'auteurs principaux du délit, est-il à l'image de la place de la femme dans la justice? Nous pouvons nous poser la question puisqu'il semble que la criminalité féminine soit encadrée ou du moins accompagnée par une présence principalement masculine. Même si la criminalité féminine existe en tant que telle, il apparaît néanmoins plus difficile pour une femme de commettre un délit de manière solitaire et indépendante. La place de la femme au sein de la justice et au-delà, au sein même de la société, reléguée au second plan derrière l'homme , se retrouve dans la pratique criminelle, les raisons culturelles et éducatives de cette domination masculine se matérialisent également lors du passage à l'acte criminel.

Des hommes et des femmes ordinaires commettant des actes qui, pour la plupart, ne peuvent pas être considérés comme dangereux pour le reste de la société, les

---

[74] (AD) B II 46 art 40 (1781-1784) Arrêt du 22 mars 1782.
[75] (AD) B II 46 art 40 (1781-1784) Arrêt du 1 août 1782.

archives étudiées ne nous donnent pas toutes les informations nécessaires afin de dessiner un portrait complet des futurs bannis du parlement de Bourgogne, il nous reste cependant à voir dans notre seconde partie pour quels motifs ces criminels d'un jour sont expulsés hors d'un territoire.

2.2 Présentation des délits

2.2.1 Quels crimes observés dans les archives de la Tournelle?

La définition du crime évolue tout au long du XVIIIème siècle, et même si l'ensemble des délits est défini par la législation, il peut y avoir une certaine distance entre les discours et principes de sévérité d'une part, et la réalité répressive d'autre part. « Derrière le mot crime, les juristes de l'époque moderne placent souvent: tout ce qui est fait contre la défense des loix (Denisart)[76] ». La réalité criminelle diffère quelque peu des édits et autres déclarations qui hiérarchisent les crimes sous l'Ancien Régime, et cette distinction entre les deux se retrouve dans nos archives.

La tolérance de l'opinion publique envers certains crimes considérés par la justice et les lois comme graves et nuisibles pour le reste de la société, va bouleverser et influencer les décisions prises par les professionnels de la justice. Les délits conduisant au bannissement ne sont pas nécessairement des crimes extraordinaires ou spectaculaires, bien au contraire, il s'agit principalement d'actes sans grande gravité pour la communauté, néanmoins, ils démontrent bien quelles sont les priorités répressives admises non seulement par les parlementaires, mais aussi par l'ensemble de la société.

---

76 Leuwers.H., *La justice dans la France moderne*, Paris, ellipses, 2010, p.149.

Les futurs bannis sont expulsés pour toutes sortes de crimes commis, cela va du simple vol de nourriture aux violences entre particuliers, en passant par les escroqueries d'argent ou la prostitution. Dans nos vingts années étudiées, jamais il n'est question de meurtre, que se soit prémédité ou involontaire, les infanticides ne sont également pas présents ici. Ces délits contre les personnes placés très haut par l'État dans la hiérarchie, sont passibles de la peine capitale, il est donc normal de ne pas trouver de bannis condamnés pour ce genre de crime.

Ce qui ressort des archives de la Chambre de La Tournelle c'est la récurrence de certains délits, et au final, les crimes conduisant au bannissement restent singulièrement les mêmes tout au long de notre période[77]. Il est difficile de hiérarchiser les données en notre possession et il faut noter que dans certaines procédures criminelles, une personne peut être condamnée pour plusieurs crimes. Le tableau que nous avons réalisé ne prend en compte qu'un seul délit par arrêt, le plus important, celui qui entrainera le futur exil du prévenu. Mais les affaires où le criminel est jugé pour de multiples infractions sont exceptionnelles et comme nous l'avons dit précédemment, les bannis du parlement de Bourgogne sont rarement récidivistes. D'autre part, dans cette répartition des crimes, nous ne faisons pas de distinction entre les femmes et les hommes puisqu'il s'agit de déterminer les causes du bannissement et voir quels actes frauduleux peuvent conduire à l'expulsion d'un territoire donné.

Nous avons distingué cinq sortes de délits, les filouteries et escroqueries, les crimes contre les mœurs, les agressions contre les personnes, les infractions de ban et enfin les vols qui à eux seuls représentent près de 71% des crimes commis par les futurs bannis. Nous reparlerons des vols ultérieurement, intéressons nous ici aux autres actes et dans un premier temps, aux escroqueries et filouteries qui sont la deuxième cause de bannissement entre 1765 et 1785.

---

77 Cf Annexe 6.

Ces délits particuliers peuvent être considérés comme des vols ou autrement dit, des « attentats contre les biens[78] », ces deux termes englobent différents types d'infractions et il n'est pas aisé de définir clairement ce qui peut être considéré comme de la filouterie. Sur les 268 bannis, 9% d'entre eux sont jugés par la Cour pour ces motifs, cela va de la fabrication de fausse monnaie ou de faux documents, de la corruption d'argent aux escroqueries de jeux, ou encore la fausse déclaration de grossesse. Des délits qui vont bien au-delà du simple vol de veste ou de nourriture, et de fait, plus sévèrement réprimandés par les parlementaires.

Comme nous l'avons dit, les délinquants condamnés ici le sont pour des motifs divers et variés, ainsi on trouve des cas très différents les uns des autres, Benoit Rebout[79], est accusé « de rouler les grands chemins dans le but d'envoyer les passants à jouer avec lui et de leurs gagner surement leur argent », il est condamné à cinq années de bannissement hors du ressort de la Cour et carcan aux halles de Mâcon avec un écriteau « Filou Au Jeu ». Jacques Pousselle[80], recteur d'école, est accusé « d'avoir fabriqué une fausse législation et de faux extraits baptistaires et mortuaires et d'en avoir retiré de l'argent », condamné à un bannissement de 3 ans hors du ressort de la Cour et déclaré incapable d'exercer aucunes fonctions publiques. Charles Guy[81], soldat invalide et sergent de basse justice est quant à lui accusé « d'avoir fabriqué une lettre aux ordres du procureur général du Roy et de s'en être servi pour extorquer 9 livres au nommé Pourot », condamné à un bannissement de 9 ans hors du ressort de la Cour.

Ces trois criminels n'ont pas commis les mêmes actes, pourtant tous sont condamnés pour des affaires d'escroqueries et d'extorsions d'argent, ces abus de confiance n'ont pas la même origine, cependant tous peuvent être qualifiés de

---
78 Bély.L. (dir), *Dictionnaire de l'Ancien Régime*, Paris, Quadrige, PUF, 2005, p. 373.
79 (AD) B II 46 art 38 (1774-1778) Arrêt du 29 juillet 1774.
80 (AD) B II 46 art 38 (1774-1778) Arrêt du 16 mars 1775.
81 (AD) B II 46 art 38 (1774-1778) Arrêt du 15 mars 1777.

filouterie. Les 24 affaires concernant les actes de filouterie ou d'escroquerie convergent presque toutes vers un bannissement de plus de cinq ans, en règle générale il s'agit même d'un exil de près de neuf ans. Ces crimes fortement sanctionnés se rencontrent tout au long de notre période et les peines encourues n'évoluent pas au cours de la seconde moitié du XVIIIème siècle ce qui nous montre bien à quel point ces délits restent des fautes inacceptables qui sont d'ailleurs, en première instance, punis soit de la peine de mort, soit des galères à perpétuité pour la plupart. Face à ces faussaires, coupables de malversations, de spoliations de documents ou de subornations de faits, le parlement agit en conséquence et se montrera plus impitoyable dans sa sentence finale par rapport aux autres criminels.

Bien que 80% des crimes commis par les bannis soient des vols ou des escroqueries, d'autres délits peuvent amener la Cour à prononcer la peine du bannissement. Les atteintes aux bonnes mœurs comme la prostitution, la bigamie, les adultères et autres attouchements, même minoritaires, intéressent certains bannis. Treize affaires seulement nous révèlent des actes qui s'attaquent éminemment à l'ordre religieux, tous ces criminels sont qualifiés de « perturbateurs qui troublent le repos public avec des vies scandaleuses et débauchées. » Nicolas Sardin[82], charpentier, est accusé de « d'adultère, d'inceste de rapt et de viol et enfin d'avoir séduit et corrompu des filles pré-pubères », condamné au carcan avec un écriteau « Corrupteur de Mœurs » et 5 ans de bannissement hors du ressort de la Cour. Louis Étienne[83], boucher et sa femme Louise Fèvre, accusée « de crime d'adultère avec ledit Guillemin dans une chambre d'un cabaret, en présence de plusieurs jeunes gens qui étoient dans la même pièce », son mari est quant à lui accusé « d'avoir en quelque façon prostitué sa femme par sa présence pour ne l'avoir pas empêché, l'avoir même

---

82 (AD) B II 46 art 35 (1765-1767) Arrêt du 12 août 1766.
83 (AD) B II 46 art 38 (1774-1777) Arrêt du 7 janvier 1777.

occasionné par la gajure qu'il fit de la caresser lui-même devant des jeunes gens », tous deux sont condamnés à un bannissement de 9 ans hors du ressort de la Cour. Les autres affaires concernant les crimes contre les bonnes mœurs ressemblent sensiblement aux deux exemples que nous venons d'étudier, des délits qui, pour la majorité, sont sanctionnés par un bannissement allant au-delà de cinq années d'exil et d'une exposition au carcan.

L'homosexualité qui, rappelons-le, est considérée comme un crime sous l'Ancien Régime, n'est pas présente dans nos archives, en effet bien que cette pratique soit théoriquement sanctionnée, celle-ci est mieux acceptée au cours du siècle par l'opinion publique. C'est sans doute ce qui explique qu'aucun individu ne soit bannit pour cela, et on peut supposer que contrairement à la prostitution ou à la bigamie qui exposent de façon ostentatoire et visible les personnes concernées, l'homosexualité qui, en théorie relève de la sphère privée, n'entraine pas la honte et le déshonneur de toute une communauté. La Cour fait certainement la différence entre des comportements déviants qui embarrassent la paix publique d'une société et qui se pratiquent aux vues de tous, et les conduites qui ne touchent qu'un foyer même si celles-ci sont également considérées comme contraire à l'ordre divin. Bien que les infractions contre les mœurs peuvent être passibles de bannissement, elles représentent moins de 5% des crimes rencontrés dans nos archives, et les délits sexuels sont difficilement dépistés par la justice. Même si l'État s'immisce au cœur de la structure familiale pour sanctionner et dénoncer des pratiques de lèse-majesté divine, les arrêts du parlement nous montrent que ceci n'est sans doute pas une priorité pour la justice, c'est pourquoi dans ce domaine il existe une grosse différence entre « la criminalité réelle et la criminalité apparente[84] ».

---

[84] Ulrich.D., *Criminalité et Répression en Bourgogne au XVIII° siècle*, Université de Dijon, 1972, p.29.

La tolérance de la société envers ces crimes spécifiques et la clémence des juges, expliquent le nombre de cas limités présents dans nos archives. Il est donc difficile dans ces conditions, d'avoir une approche objective et viable lorsqu'on parle des délits contre les mœurs et la réalité criminelle dans ce domaine est certainement plus importante que ce que nous laisse croire les arrêts du parlement parvenus jusqu'à nous.

Plus courants et mieux appréhendés par la justice, les crimes contre les personnes représentent la troisième cause de bannissement au parlement de Bourgogne entre 1765 et 1785. Les menaces, coups et injures entre particuliers constituent un mobile d'expulsion hors d'une communauté et cette violence légère, qui n'entraine que très rarement la mort, touche 8%[85] de nos bannis. Il faut dans un premier temps distinguer la petite délinquance, qui est le sujet de notre étude ici, et les homicides.

L'homicide volontaire ne fait en aucun cas l'objet de nos recherches puisqu'il n'apparait pas dans nos archives et sur les vingt et une affaires concernées par les crimes contre les personnes, jamais il n'est question de meurtres prémédités. La justice de l'Ancien Régime fait une séparation entre la violence quotidienne et les assassinats, les juges se montrant particulièrement sévères à l'égard des homicides délibérés.

La violence modérée, qui caractérise les criminels de la Chambre de La Tournelle, se décline en plusieurs stades, allant de la menace jusqu'au coup physique. Barthélémy Fourier[86], tailleur de pierre, est accusé « d'être un perturbateur du repos public, accusé d'avoir maltraité plusieurs personnes et de s'être montré en plusieurs endroits, armé d'un fusil, d'avoir mis en joue quelques personnes et de les avoir menacées de mort », condamné à 9 ans de

---

85 Cf Annexe 6.
86 (AD) B II 46 art 37 (1771-1774) Arrêt du 31 mars 1772.

bannissement hors du ressort de la Cour. Jean-François Petit[87], cordonnier, accusé « d'avoir pris querelle au devant du domaine de la veuve Boisseau chez qui il demeurait, de s'être armé d'un tranchet et de s'être battu avec un autre homme et de l'avoir atteint et blessé d'un coup violent », bannissement de 9 ans hors du ressort de la Cour. Pierre Breton[88], marinier, est condamné à un bannissement de 3 ans hors du ressort de la Cour pour « avoir injurié et menacé par les paroles les plus folles, hommes, femmes, garçons et filles qu'il croisait ».

Ces trois exemples nous montrent bien à quel point les crimes contre les personnes englobent toutes sortes d'actes, ces trois hommes sont condamnés par la Cour pour des faits distinctifs les uns des autres. Que se soit pour des injures et insultes ou pour des coups physiques pouvant provoquer de graves blessures, tous ces criminels sont sanctionnés par un bannissement, même si il y a différents degrés dans la pratique de la violence, le parlement doit éloigner ces perturbateurs du reste de la communauté.

La violence s'observe en premier lieu, dans les paroles prononcées par ces délinquants, en effet nombre de bannis du parlement sont expulsés pour des grossièretés et des menaces envers des individus ou leurs biens. Menaces de donner des coups, menaces de mort et même menaces de viols, les insultes peuvent être plus ou moins véhémentes et dans certains cas, la santé mentale du criminel peut être remise en question tant ses paroles paraissent absurdes. Nous pouvons lire dans nos archives des choses comme: « menacé de vouloir envoyer les loups dans le domicile de la veuve Perrin pour la tuer », comment prendre au sérieux ceci et il semble évident que le parlement fait une différence entre ce genre de paroles et des menaces faites avec un fusil dans un lieu public. La dangerosité des menaces émises par une personne n'est pas la même entre tous les criminels et la Cour, dans sa sentence, prend ceci en considération, sans

---
87 (AD) B II 46 art 37 (1771-1774) Arrêt du 1 juin 1774.
88 (AD) B II 46 art 40 (1781-1784) Arrêt du 30 mars 1784.

doute est-ce pour cela que les durées de bannissement varient selon les procédures criminelles.

Les biens des particuliers sont également visés par ceux qui cherchent à effrayer tel ou tel individu, ainsi George Laurent[89], dresseur de loups et autres bêtes puantes, est accusé « d'avoir tué et tiré plusieurs pigeons, d'avoir insulté des femmes par la parole et enfin d'avoir menacé de mettre le feu à plusieurs granges », il est condamné à un bannissement de 3 ans hors du ressort de la Cour. Denis Riverer[90], est accusé « d'avoir menacé le nommé Durbize, de tuer son poulain et de lui prendre ses bêtes », condamné lui aussi à 3 ans de bannissement hors du ressort de la Cour. Menacer les biens d'un particulier est aussi grave que de s'attaquer directement à la personne en question et dans les deux cas ces actes sont réprimandés par la Cour.

Les menaces et autres injures ne sont pas majoritaires dans nos archives et ce qui est le plus soumis à la justice reste la violence physique, une brutalité qui n'est cependant pas spectaculaire ou hors du commun. Les bannis concernés par cette agressivité envers un individu ne sont pas de grands criminels organisés en bande sévissant sur les grands chemins par exemple. Les coups donnés sont généralement le fruit de rixes entre deux personnes qui ne cherchent pas à tuer l'autre, d'ailleurs dans la majorité des affaires observées, les délinquants n'utilisent pas d'armes et les conflits se règlent à coups de poings ou de pieds. Même si certains criminels usent d'ustensiles pour blesser un individu, la mort n'est pas la finalité recherchée par celui qui frappe, c'est pourquoi nous n'avons presque jamais rencontré de cas où des violences physiques conduisent au final à un homicide involontaire. Ces violences écartent généralement les femmes et les bagarres conduisant à un bannissement sont toutes masculines. Une seule affaire ente 1765 et 1785 intéresse une femme, mais là encore il ne s'agit pas d'une

---

89 (AD) B II 46 art 37 (1771-1774) Arrêt du 24 janvier 1774.
90 (AD) B II 46 art 36 (1767-1770) Arrêt du 9 août 1768.

querelle publique entre deux personnes ayant un contentieux puisque Marguerite Simon[91], est accusée « d'avoir plusieurs fois traitée sa propre fille âgée d'environ 8 ans avec inhumanité et cruauté en la fouettant avec excès, en la tenant toute nue en différentes fois chez elle pendant l'hiver et de luy avoir fait manger plusieurs fois aussy ses propres excréments ». Considérée par la Cour comme « Mère Dénaturée » elle est condamnée à un bannissement de 3 ans hors de son ressort. Ces actes peuvent être considérés comme un crime contre une personne mais ce dernier n'a rien à voir avec ce qu'on a pu observer auparavant.

Les arrêts de la Chambre de La Tournelle ne rapportent pas les motifs d'une agression envers un individu, mais il est probable que ces conflits surviennent afin de rétablir l'honneur de la personne qui va provoquer une dispute. La vengeance peut être un mobile plus que plausible puisqu'il s'agit avant tout de conserver son honneur et son intégrité. C'est pour cela que les crimes contre les personnes rencontrés dans nos archives se déroulent la plupart du temps dans un endroit public, principalement la rue et le cabaret, afin de rétablir, devant témoins, le déséquilibre engendré par la perte de sa réputation.

Les résultats de nos recherches ne permettent pas de dénoncer une violence accrue et excessive au sein de la Bourgogne entre 1765 et 1785. Peu d'individus sont bannis par la Cour pour avoir fait preuve d'une agressivité exacerbée et incontrôlable même s' il existe des cas où la blessure mortelle est recherchée par le criminel comme Jean Marie[92], manouvrier, qui est accusé « d'avoir cherché à épouvanter les habitants par des menaces continuelles de les maltraiter et de mettre le feu, d'avoir tenter de tuer le dit Philibert Fegaut en lui donnant un coup de serpe sur le nez et dans le dos provoquant de graves blessures ». La violence est généralement maîtrisée et lorsqu'on sait que la plupart des conflits se règlent de manière publique, on peut se dire que personne ne se risquerait à tuer

---

91 (AD) B II 46 art 36 (1767-1770) Arrêt du 30 juin 1767.
92 (AD) B II 46 art 36 (1767-1770) Arrêt du 29 janvier 1768.

délibérément devant tant de témoins. Une seule procédure criminelle nous relate une affaire d'homicide, il s'agit de Claude Juredieu[93], accusé « d'avoir pour une rixe qu'il eu avec Marie Leyerte, frappé cette fille de deux coups sur la tête, les dits coups ayant occasionné la mort de la ditte fille selon la preuve du médecin en chirurgie nommé d'office », il est condamné à un bannissement de 3 ans hors du ressort de la Cour. Une sentence légère aux vues des faits, il est possible que la Cour transforme ce crime en homicide involontaire d'où le bannissement de courte durée prononcé contre cet homme.

En vingt ans, une seule affaire se termine avec la mort d'un individu, ce qui nous montre bien que les crimes contre les personnes ne sont pas si cruels ou exceptionnels qu'on pourrait le penser, il est évident que la société d'Ancien Régime connait des assassinats et autres affaires sordides mais il est plus difficile pour la justice de les punir puisque c'est la discrétion et l'anonymat qui priment dans ce cas.

Les derniers crimes observés dans nos archives, sont des infractions de bans, plus de 8% des délinquants condamnés au bannissement le sont pour avoir rompus le ban prononcé contre eux quelques mois ou années auparavant. Notons que certaines personnes rencontrées dans nos arrêts condamnées à un bannissement pour un vol par exemple, se retrouvent de nouveau devant la Cour quelques années plus tard pour infraction de ban. Deux crimes, deux condamnations à un bannissement, ainsi un même individu, dans une période relativement courte, peut être plusieurs fois soumis à l'exil par le parlement. Nous n'avons pas toujours à notre disposition la date de la première sentence condamnant un criminel au bannissement, certaines décisions de la Cour remontent au-delà de notre période étudiée et les arrêts ne mentionnent pas forcément le passé juridique du délinquant concerné par une infraction de ban.

---

93 (AD) B II 46 art 36 (1767-1770) Arrêt du 24 septembre 1770.

Plus de vingt personnes sont donc condamnées pour infraction de ban, ce qui signifie que le banni, par sa présence dans la région qui lui est interdite de séjour, va à l'encontre de la décision des juges le forçant à l'exil, s' il est repéré par des témoins, celui-ci peut faire l'objet d'une nouvelle condamnation par la Cour. Nous expliquerons plus en détails les infractions de ban dans notre dernière partie, il s'agissait ici de noter la présence de ces délits dans notre descriptif des crimes conduisant à un bannissement.

Plus de 70% des crimes observés dans les archives de La Tournelle, sont des vols, plus ou moins importants, allant du simple larcin de nourriture, au vol avec effraction dans une maison pour y dépouiller de l'argent et des biens à des particuliers, c'est ce dont nous parlerons dans notre deuxième sous-partie.

2.2.2 Le vol: un délit omniprésent dans les arrêts du parlement

Les crimes contre les biens sont largement majoritaires parmi les délits pouvant conduire à une expulsion d'un territoire. Le vol est définit différemment selon les époques mais au XVIIIème siècle, on peut l'entendre ainsi: « le vol c'est la soustraction et l'enlèvement frauduleux du bien d'autrui dans le dessein de se l'approprier ou de s'en servir sans le consentement de celui à qui il appartient[94] ». Les juges ne font cependant pas la distinction dans la condamnation du délinquant entre le vol aggravé, c'est-à-dire celui commis avec effraction par exemple, et le larcin se faisant par la ruse qui s'apparente aux filouteries. Ces deux cas de figure se sont présentés à nous dans nos recherches, et il semble que les parlementaires s'attachent plus à la valeur de la marchandise dépouillée, qu'à la manière dont le vol est commis. Notons néanmoins que sur les 188 cas de vols

---

[94] Jousse.D., *Traité de la justice criminelle de France*, Paris, 1771, Tome IV, p.167.

rencontrés entre 1765 et 1785, jamais il n'y a eu d'affaires où les vols conduisent à violenter ou tuer la personne lésée de ses biens. Il peut y avoir dans certains cas des circonstances aggravantes qui transforme alors le simple larcin en un vol qualifié et c'est alors que les juges prennent en considération ces faits dans la prononciation de la sentence, ce n'est pas le cas ici et jamais un banni n'est expulsé pour avoir commis un vol en atteignant l'intégrité physique de la victime.

Les marchandises volées sont assez hétéroclites les unes des autres pouvant être des habits, de l'argent, de la nourriture, des animaux et des biens comme des tasses d'argent ou du matériel agricole[95]. Ces vols simples qui ne nécessitent pas pour la plupart l'aide d'un complice ou d'une préparation quelconque sont généralement punis du fouet et de la marque V comme nous l'avons vu précédemment accompagnés d'un bannissement de trois années hors du ressort de la Cour. Philibert Mineur[96], est condamné à un bannissement de 3 ans hors du ressort de la Cour pour « avoir volé dans la chambre des domestiques d'une auberge, une veste en toile d'orange avec une paire de soulier et une ceinture ». Claude Bourelier[97] est quant à lui accusé « d'avoir volé de nuit chez le dit Thibault, un mulet » il est condamné à un bannissement de 3 ans hors du ressort de la Cour ainsi qu'à la fustigation et au marquage au fer chaud. De même, Jean Jolivet[98], est lui aussi condamné à trois ans de bannissement hors du ressort de la Cour pour « avoir volé une tasse d'argent et un mouchoir d'indienne dans la maison dudit Bernard ».

Ces trois vols qui n'ont pas tous le même motif: un mulet, des habits et pour le dernier une tasse d'argent, conduisent cependant tous à un bannissement identique pour les trois criminels. Près de 80% des voleurs que nous avons

---

95 Cf Annexe 7.
96 (AD) B II 46 art 37 (1771-1774) Arrêt du 27 septembre 1773.
97 (AD) B II 46 art 39 (1778-1781) Arrêt du 4 août 1778.
98 (AD) B II 46 art 38 (1774-1777) Arrêt du 28 janvier 1777.

rencontrés subissent la même sentence, c'est-à-dire trois ans de bannissement hors du ressort de la Cour pour avoir commis de petites fraudes en solitaire. Pour les 20% restant, le bannissement va de 5 à 9 ans maximum, ce sont en général des délinquants qui agissent de nuit dans les domiciles avec effraction, les vols de bétails ou des vols domestiques qui, comme nous l'avons déjà signalé, sont plus fortement réprimandés. L'individu qui est au service d'une personne et qui cherche à dépouiller celui qui l'embauche subit de fortes sanctions de la part des parlementaires, en effet en dérobant des biens appartenant au maître on trahit la confiance de celui-ci envers son serviteur et domestique. Les bannis pour crime contre les biens ne peuvent donc pas être qualifiés de grands voleurs aux vues des marchandises dérobées, voler une veste, une pièce de lard ou une bourse contenant 5 livres ne fait pas du criminel un professionnel de la dépouille considéré comme extrêmement dangereux pour la société. Le larcin est certes un acte répréhensible, mais comment expliquer cette sur-représentation des voleurs au sein des bannis du parlement de Bourgogne?

La société d'Ancien Régime qui redéfinit sans cesse ses priorités répressives au cours du XVIIIème siècle, considère le vol comme un crime très grave. Certaines valeurs, qui sont le fondement même de la cohésion sociale d'une communauté, ne peuvent être bafouées, et c'est le cas notamment avec le respect et la défense de la propriété privée. S'attaquer aux biens d'une personne, c'est remettre en cause sa place au sein d'une communauté, et il est crucial pour la victime que la justice répare cet affront. La justice, qui sous le poids de l'opinion public, doit punir ces voleurs d'un jour multiplie des sanctions afin de répondre au désarroi et à l'inquiétude de la population touchée par la prolifération des larcins et autres maraudages à l'origine sans importance. « Peu graves pris individuellement, ces délits, quand ils se multiplient, peuvent cependant générer chez leurs victimes, et par voie de conséquence dans l'entourage de celles-ci, un sentiment général d'exaspération ou d'angoisse[99] ». Ce foisonnement de vols qui constitue la plus grosse partie des crimes conduisant au bannissement n'est donc pas un hasard, bien au contraire ceci est tout à fait représentatif de la mentalité répressive de la société française dans la seconde moitié du siècle des Lumières.

Les vols sont donc des crimes très largement représentés dans nos archives et outre le fait que ceux-ci soient inacceptables aux yeux de la population et du système judiciaire, ce qui peut expliquer cette domination est sans doute la facilité, pour le parlement, de prouver qu'il y a bien eu un acte de spoliation. Les procédures criminelles à l'encontre des voleurs sont assez détaillées et on est en possession d'informations précises en ce qui concerne le délit commis, c'est-à-dire la valeur des marchandises dépouillées, le moment du crime et le nom de la victime. Parmi tous les délits recensés dans nos arrêts, le vol est le plus connu et le mieux détaillé, ceci n'est pas anodin et montre que les crimes contre les biens sont certainement les plus commodes à instruire en justice.

Il n'est pas rare de voir dans nos archives que le criminel est régulièrement pris en flagrant délit ou alors « retrouvé nanti de l'effet volé lorsqu'il fut capturé ». Vincent Guichard[100], est accusé « d'avoir porté la main dans la poche de la culotte du nommé Martinaud pendant que celui-ci visitois les dents d'un bœuf, de lui avoir arraché la bourse à moitié de la poche dans le but de l'enlever, ce qu'il ne put faire car pris sur le fait ». Gabriel René[101] est lui aussi accusé « d'avoir, à la foire, mit la main dans le gousset dudit Lapierre, d'en avoir tiré sa bourse et de l'avoir laissé parce que ledit Lapierre qui s'en aperçut luy saisit la

---
99 Garnot.B., *Justice et société en France aux XVI, XVII, XVIII siècles*, Paris,OPHRYS, 2000, p.45.
100   (AD) B II 46 art 35 (1765-1767) Arrêt du 12 août 1765.
101   (AD) B II 46 art 38 (1774-1777) Arrêt du 30 juillet 1777.

main ». De même Madelaine Puson[102], est accusée « d'avoir volée des chemises et de la farine dans le grenier de son voisin, chemises dont elle fut retrouvée nantie lorsqu'elle fut capturée ».

Ces délits ayant souvent comme lieux de prédilections, des endroits publics et donc très fréquentés, il est par la suite plus aisé pour la justice de trouver des témoins fiables lorsqu'il s'agit de juger le voleur incriminé. Il est évident que la femme qui cache sa grossesse et tue son enfant ou que l'homme qui cherche à tuer une personne dans un endroit reculé, ont moins de chance d'être remarqués et par là-même, moins de chance d'être jugés et donc condamnés.

Il apparaît clairement que nous devons donc nuancer les statistiques obtenues après étude des arrêts de la Chambre de La Tournelle, nos archives judiciaires pouvant parfois nous tromper sur la réalité criminelle. Même si le vol est un délit courant et largement réprimandé par le parlement de Bourgogne, il est certain que beaucoup de crimes restent impunis et très méconnus des professionnels de la justice. Pour rendre leurs sentences, les juges doivent avoir les preuves nécessaires afin de prendre une décision adaptée pour l'individu concerné par une procédure criminelle et dans beaucoup d'affaires, les preuves ou témoins manquent cruellement, tout ceci au profit du délinquant qui restera donc libre. Tous les crimes n'apparaissent donc pas dans nos archives, et cette domination des vols dans les affaires concernant les bannissements n'est pas une exception bourguignonne, « le traitement pénal des vols connaît une très forte augmentation dans la deuxième moitié du XVIIIème siècle, atteignant à Paris plus de 90% des affaires jugées[103] ».

Notre travail portant sur la fin du XVIIIème siècle, voyons dans notre dernière sous-partie, si nous pouvons observer un changement de la criminalité au

---

102 (AD) B II 46 art 40 (1781-1784) Arrêt du 23 juillet 1784.
103 Garnot.B., *La justice en France de l'An Mil à 1914*, Paris, Nathan Université, 1993, p.34.

parlement de Bourgogne tout au long de l'Ancien Régime en nous aidant d'autres travaux réalisés sur ce sujet.

2.2.3 Peut-on parler d'une mutation des pratiques criminelles dans la Bourgogne du XVIIIème siècle?

Entre 1765 et 1785, la cause principale des bannissements est sans aucun doute le vol, quel qu'il soit, il entraine une expulsion du délinquant hors d'un territoire et la Cour jugera, en vingt ans, près de 190 affaires intéressant un larcin plus ou moins important. Peut-on faire le même constat lorsqu'on observe les archives du parlement de Bourgogne datant du début du XVIIIème siècle? D'après certaines études réalisées sur la criminalité en Bourgogne, il semble que les procédures criminelles instruites pour cause de vols se multiplient à partir de la seconde moitié de notre siècle considéré. Lorsqu'on regarde les données s'attachant à la délinquance en Bourgogne vers 1700[104], le vol n'apparait pas comme majoritairement réprimé par la Cour, et il est de plus en plus présent dans les arrêts de la Chambre de La Tournelle qu'à partir de 1750. D'ailleurs, dans les dernières décennies du siècle, le nombre de procès ayant pour objet le vol a été multiplié par quatre dans notre région concernée. On retrouve l'augmentation soudaine de cette catégorie de crime dans l'étude d' Ulrich Denis[105], où on dénote que ce qu'il nomme « criminalité rusée », c'est-à-dire les vols et escroqueries, connait une croissance évidente dans les années 1750 et ce jusqu'à la fin du XVIIIème siècle. Même si tous ces délits ne conduisent pas forcément à une peine de bannissement, on peut se dire que le nombre de bannis

---

104   Broux.C., *Criminalité et Répression en Bourgogne aux XVIIème et XVIIIème siècles,*Mémoire de maîtrise, Université de Dijon, 1998,p.31 à 34.
105   Ulrich.D., *Criminalité et Répression en Bourgogne au XVIII° siècle,*Université de Dijon, 1972, p.29.

pour crime contre les biens, augmente proportionnellement avec le nombre de procès pour vol. Nous n'avons pas en notre possession de données exactes nous montrant les motifs d'expulsion d'un criminel en ce qui concerne le début de notre siècle, mais nos recherches se basant sur les arrêts du parlement de Bourgogne tout comme les résultats de Broux Céline et Ulrich Denis, il ne semble pas illogique de mettre nos informations en parallèle avec les leurs. Ainsi, nos 80% de bannis pour vols, escroqueries ou filouteries à la fin du siècle, seraient-ils le fruit d'un changement radical dans l'exercice de la criminalité au cours du XVIIIème siècle? Bien que dans la réalité criminelle, il semblerait que le larcin soit plus courant dans les dernières décennies de notre période qu'au début, cela ne suffit pas pour autant à justifier une telle augmentation des crimes contre les biens dans nos archives. On ne peut affirmer de manière définitive que la population vole davantage à la veille de la révolution que dans les premières années du XVIIIème siècle et l'hypothèse la plus probable est que c'est la répression de ce délit qui augmente et non forcément l'acte en lui-même. Cette évolution concernant les vols ne touche pas uniquement le parlement de Bourgogne, en effet au parlement de Flandres[106], la répression des vols augmente là aussi ostensiblement à partir des années 1750, le nombre d'affaires de crimes contre les biens pouvant certaines années être multiplié par deux.

Cet acharnement pénal contre ces délits particuliers dans la seconde moitié du XVIIIème siècle, ne reflète pas nécessairement un bouleversement majeur dans la pratique de la criminalité, mais il démontre plutôt la volonté pour la justice d'amplifier les poursuites contre les voleurs et leurs complices.

Si dans nos recherches, les bannis du parlement de Bourgogne entre 1765 et 1785, sont très majoritairement des voleurs, ce n'est pas forcément le cas pour les personnes expulsées dans les premières décennies du siècle des Lumières.

---

106   Reignier.D., *La répression des vols au 18ème siècle au parlement de Flandres,* Mémoire de DEA Droit et Justice, Université de Lille II, 2002, p.13.

Lorsqu'on regarde une autre étude[107] menée sur les bannissements, on constate que certains crimes conduisant au bannissement présents à La Chambre de La Tournelle au début du XVIIIème siècle n'apparaissent plus dans nos arrêts. C'est le cas notamment des affaires de rébellion et attroupement ou encore des homicides. Des affaires de crimes commis de manière volontaire et préméditée sont sanctionnées de bannissements dans les années 1700-1710, Claudine Haltia et Guillaume Muttin[108], sont tous deux accusés, avec deux autres complices, « d'homicides commis par le poison » et seront soumis à une expulsion perpétuelle hors du ressort de la Cour. Une autre affaire de ce type impliquant trois personnes, est également punie de bannissement par la Cour quelques années plus tard. Des crimes qui normalement sont passibles de la peine de mort, la justice condamne pourtant ces délinquants à l'exil, l'indulgence des parlementaires envers ces individus ne s'explique pas forcément, mais il est tout de même étonnant de relever des affaires de ce genre punies par un bannissement. De même, les infanticides et autres grossesses cachées qui restent sous l'Ancien Régime des crimes extrêmement graves, sont plus courants dans les années 1700-1720, que pour les décennies précédant la révolution.

Comment expliquer que ces actes pouvant faire l'objet d'un bannissement au début du XVIIIème siècle, ne le soient plus à la fin de celui-ci? Ces crimes ne disparaissent évidemment pas au fil des années, mais sans doute sont-ils plus réprimandés et les auteurs de ces fautes mieux appréhendés par les parlementaires au fur et à mesure de la publication de lois et ordonnances aidant et guidant les juges dans leurs prononciations de sentences.

L'évolution criminelle est à mettre en relation avec l'évolution des mentalités de l'ensemble de la société d'Ancien Régime. Tels ou tels délits ne disparaissent pas

---

107 Bernard.A., *Les Bannissements Au Parlement De Bourgogne, 1700-1715 1774-1790*, Mémoire de Maitrise, Université de Bourgogne, 2001. p.18 à 31.
108 (AD) B II 46 art 19 (1700-1702) Arrêt du 18 juillet 1701. Exemple cité par Bernard.A. p.25.

au fil du temps, ce qui peut expliquer le changement entre les bannis du début du XVIIIème siècle et ceux de la fin de notre période est certainement la hiérarchisation pénale des crimes qui évolue sans cesse au cours des décennies.

Que se soit du point de vue de l'État ou de l'opinion publique, les priorités répressives ne peuvent être les mêmes tout au long du siècle, elles évoluent et changent selon le contexte économique et politique. « l'État a toujours pour préoccupation essentielle l'affirmation, la consolidation et la perpétuation de son pouvoir et de l'ordre social qui le garantit, et il y travaille avec ses moyens, qui deviennent plus importants au fil des années: le traitement de la criminalité est au centre de cette logique[...][109] ».

Les archives de La Tournelle reflètent donc moins une mutation des comportements criminels, qu'une évolution des craintes de la société d'Ancien Régime pour conserver un ordre défini,« la conception moderne du crime montre le souhait d'une défense ardente du roi, de l'Église et d'un ordre social aux fondements religieux[110] ».

Peut-on pour autant, en regardant ces résultats, parler d'un passage d'une société violente à une société dominée par le vol? Il ne faudrait pas tirer de conclusions trop hâtives, rappelons que les archives ne nous révèlent qu'une partie de la réalité criminelle et que d'autres modes de résolution des conflits existent. L'action de la justice répond principalement à des attentes et des choix qui évoluent avec la perception que chacun a du crime au cours des années et même des siècles.

---

109   Garnot.B., *Justice et société en France aux XVI, XVII, XVIII siècles,* Paris,OPHRYS, 2000, p.7 et 8.
110   Leuwers.H., *La justice dans la France moderne*, Paris,ellipses, 2010, p.155.

Nous avons dans notre deuxième partie essayer de comprendre et révéler la personnalité du criminel, incluant ses caractéristiques ainsi que les délits qui l'ont conduit à un bannissement par la Cour. Essayons de voir, dans notre dernier moment de réflexion, l'attitude de la Cour vis-à-vis des justices inférieures, à savoir si les parlementaires sont plus ou moins cléments avec le criminel par rapport aux juges de première instance et enfin s'interroger sur l'application de la peine du bannissement au sein du parlement de Bourgogne et voir si on peut réellement apprécier l'efficacité de cette sanction toute particulière.

3. Quelle pratique de la justice au parlement?

Le bannissement est une peine régulièrement prononcée par le parlement de Bourgogne tout au long du XVIIIème siècle. Néanmoins, comment mesurer l'efficacité de cette sanction, autrement dit comment savoir si les individus condamnés à l'exil quittent vraiment le territoire dont ils ont été expulsés? Il s'agit également de voir dans cette dernière partie si la Cour, dans sa sentence finale, est plus ou moins sévère vis-à-vis des criminels par rapport aux premières décisions des tribunaux inférieurs, les arrêts du parlement nous donnant ces différentes informations.

3.1 Le parlement et les justices inférieures

3.1.1 Les différences de sanctions entre les juridictions inférieures et le verdict final de la Cour.

Le parlement est une cour souveraine, jugeant en dernier ressort au nom du Roi, il reçoit en appel les causes pouvant venir de tous les tribunaux inférieurs pour le civil, et pour le criminel, le parlement reçoit en appel selon la sentence. Cette multiplicité des juridictions n'est pas le fruit du XVIIIème siècle puisque des institutions nouvelles se juxtaposent aux anciennes, toutes sont mises en place et reçoivent leurs compétences par le roi qui affirme ainsi sa supériorité et assoit son pouvoir sur l'ensemble de son territoire.

Les parlementaires bourguignons qui, comme partout dans le royaume, exercent au nom du souverain le droit de juger, condamnent en vingt ans, 268 individus au bannissement, une sanction définitive qui est la réponse des affaires arrivant en appel devant la Cour qui rend un verdict final. Soit la Cour affirme, soit elle infirme la décision prise par une première juridiction et c'est uniquement à partir de ce moment que le procès du criminel s'arrête, aucune institution n'étant au-dessus du parlement.

Sur les 268 décisions du parlement que nous avons étudiées, le parlement a prononcé 184 infirmations, c'est-à-dire que dans près de 70% des cas, la Cour estime que les sentences émises en première instance ne correspondent pas au délit qui conduit le criminel devant la justice. Pour rendre leur verdict qui intervient en général quelques mois à peine après la sentence des tribunaux inférieurs, les parlementaires se basent principalement sur la jurisprudence, autrement dit, le choix des peines n'est pas un hasard, il faut adapter la sanction au cas particuliers se présentant devant les juges. L'arsenal pénal mis en place sous l'Ancien Régime ne donne que les grandes directives pour permettre aux juges de travailler, mais il ne correspond pas nécessairement aux attentes juridiques lors d'un procès pris de manière isolé. C'est sans doute pour cela que l'on trouve aussi peu de confirmation de la peine de la part du parlement vis-à-vis des justices inférieures. Il faut donner aux juges des exemples concrets d'affaires pouvant être similaires à celles qu'ils jugent en appel, c'est le rôle de la jurisprudence qui va donner les moyens au parlement notamment de rendre des verdicts homogènes à l'échelle du royaume. C'est pourquoi il est très rare de voir de grosses différences de sanctions entre deux personnes ayant commis les mêmes délits, lorsque cela arrive il faut en chercher les causes en amont, c'est-à-dire étudier le passé juridique du criminel.

Dans nos arrêts, les décisions de la Cour se présentent ainsi: « La Cour dit qu'il a été bien jugé par la ditte sentence, ordonne qu'elle sera exécutée suivant la forme et teneur », dans ce cas il n'y pas de modifications apportées à la première sentence, ou « La Cour réformant la ditte sentence et par nouveau jugement pour les charges résultantes des procédures contre...condamne ledit.. », ici, c'est la décision rendue par les parlementaires qui prime sur celle évoquée en première instance.

La jurisprudence semble presque être une exclusivité du parlement tant les sanctions peuvent différer entre la Cour et les autres tribunaux, sinon comment expliquer que seulement 30% de nos appels sont confirmés entre 1765 et 1785? Les juges des juridictions inférieures sont, tout comme les parlementaires, des professionnels et il serait faux de croire que la justice est aux mains de personnes incompétentes et arbitraires. Ce qui peut expliquer un tel décalage entre les différentes sentences présentent dans nos arrêts est sans doute la manière dont les juges vont appliquer les lois, les parlementaires qui sont au sommet de la hiérarchie judiciaire, vont certainement prendre plus de liberté et de distance envers les textes établis par rapport aux juges des juridictions intermédiaires. La jurisprudence étant établie par le parlement, il est donc logique de relever ces dissemblances entre les deux niveaux de compétence, les juges de petites juridictions vont plus largement appliquer les lois stricto sensu, alors que les parlementaires, habitués à discuter et harmoniser les sanctions entre elles, vont se référer plus aisément à la jurisprudence dans leur pratique quotidienne.

Certes, dans la grande majorité des cas, le parlement infirme les décisions prises par les autres tribunaux, mais dans ce cas de figure, peut-on parler d'un adoucissement des peines ou au contraire, le parlement sanctionne-t-il plus durement que les juridictions inférieures? Dans 60% des cas où le parlement infirme la première sentence, c'est pour émettre une peine moins sévère et dans certains cas la différence entre les deux nous choque tant elle est importante. Nous avons rencontrés, par exemple, dans nos arrêts cinq personnes condamnées à mort et qui au final subissent un bannissement allant de 5 à 9 ans hors du ressort de la Cour. Ces cinq criminels sont condamnés pour des vols domestiques, normalement punis de la peine capitale, mais en appel ceci se transforme en simple bannissement, ce qui nous montre bien à quel point les parlementaires savent aller au-delà des textes donnant les principes généraux, en personnalisant une sanction beaucoup plus adaptée au délit commis.

Les condamnations à la peine de mort ne sont qu'un exemple parmi tant d'autres, souvent, les futurs bannis par le parlement sont en réalité condamnés, en première instance, à « servir de forçat sur les galères du Roy » et c'est le cas pour 62 de nos délinquants. Benoit Rebout[111], est condamné en première instance aux galères à perpétuité pour « filouterie sur les grands chemins », la Cour le condamne au final à un bannissement de 5 ans hors de son ressort. Gabriel Billardon[112], est lui aussi condamné aux galères perpétuelles pour « avoir volé 49 livres à un ouvrier couché dans la même auberge que lui et aussi accusé d'avoir volé 48 livres dans la maison du nommé Vaudelin », la Cour le condamne à un bannissement de 3 ans hors de son ressort.

Les exemples se multiplient tout au long de nos archives, ainsi il n'est pas rare de voir qu'une peine de galère est transformée en bannissement auquel s'ajoutent d'autres sanctions comme la marque au fer rouge et les amendes envers le roi. Nous avons à faire à de petits délinquants ici et sans doute le bannissement reste la peine la plus équitable aux yeux des juges qui considèrent les galères comme trop graves par rapport aux infractions dont il s'agit.

Nous avons donc pu constater que dans le cas où la première sentence n'est pas

---

111 (AD) B II 46 art 38 (1774-1777) Arrêt du 29 juillet 1774.
112 (AD) B II 46 art 39 (1778-1781) Arrêt du 18 octobre 1779.

un bannissement, le parlement fait preuve d'une relative clémence envers les criminels en diminuant largement leurs peines. Lorsque le délinquant est en premier lieu condamné à un bannissement, la Cour n'intervient que très rarement dans le but d'alourdir la peine. Plus de 150 personnes sont déjà condamnées à une expulsion lors de leur passage en appel et seulement 13 d'entre elles voient leur ban augmenté par la Cour. Dans les autres cas, souvent la sentence est infirmée mais le ban reste inchangé, ce qui veut dire que les parlementaires estiment que la durée du bannissement est acceptable, cependant ils remettent en question les autres peines qui accompagnent le ban.

Les sanctions financières sont souvent au cœur des changements apportés par la Cour sur une première sentence et soit les juges rajoutent une amende, soit ils l'augmentent dans le cas où celle-ci existe déjà. Il peut arriver que l'amende diminue, mais dans ce cas c'est uniquement lorsque le montant demandé est excessif voir exorbitant, certaines peines pouvant aller jusqu'à 200 voir 300 livres. Le nommé Bernillon[113], est condamné en plus de son ban à un amende de 100 livres pour le vol d'une vache, la Cour ramène cette amende à 10 livres envers le roi. De même, Jean Belin[114], voit son amende passer de 300 à 5 livres envers le roi en plus de son ban pour « avoir volé dans une maison de vigneron, pendant la messe, une somme de 12 livres en or et argent ». Ces ajustements financiers quels qu'ils soient, sont en réalité à mettre en corrélation avec les frais engendrés par l'ouverture d'une procédure criminelle.

Lorsque le ban est conservé, il arrive également que ce ne soit pas les questions pécuniaires qui posent problème mais les peines spectacles qui sont très souvent émises par les tribunaux inférieurs et régulièrement modifiées par la Cour. Sans être totalement supprimées, ces peines particulières sont souvent diminuées lors du verdict final, l'exposition au carcan ou au pilori pouvant passer de plusieurs

---

113   (AD) B II 46 art 39 (1778-1781) Arrêt du 18 juillet 1778.
114   (AD) B II 46 art 36 (1767-1770) Arrêt du 20 mars 1770.

jours de marchés consécutifs à un seul, la fleur de lys encore trop utilisée en première instance, laisse place à un autre symbole comme la lettre V et certaines sanctions s'évanouissent définitivement, c'est le cas de l'amende honorable. Louis Étienne et Louise Fèvre[115], mari et femme, sont accusés de « mauvaise vie, pratiquant l'adultère et la prostitution », condamnés tous deux à « faire amende honorable têtes nues et à genoux au devant du Christ placé dans l'auditoire du bailliage (où la procédure criminelle est ouverte) en présence de toutes personnes qui pourroient s'y trouver et y déclarer qu'ils demandent pardon à Dieu et à la justice du crime et du scandale qu'ils ont commis ». Le bannissement de 9 ans qui accompagne ceci est bien conservé par la Cour pour ces deux individus, mais on ne retrouve pas la condamnation à l'amende honorable dans le verdict final.

La Cour, en réformant tant de sentences, cherche à unifier l'ensemble des peines, comme nous l'avons dit, parfois elle garde le ban en changeant les autres sanctions, mais il arrive aussi que le bannissement prononcé soit tel, que le parlement infirme la décision du tribunal inférieur, dans son ensemble. Sur les 150 personnes déjà condamnées à un bannissement, la Cour estime que 26% d'entre elles font l'objet d'une expulsion beaucoup trop longue ou disproportionnée et dans ce cas les parlementaires révoquent entièrement la première sentence. Cela arrive principalement pour les bannissements perpétuels qui sont régulièrement prononcés par l'ensemble des tribunaux rencontrés dans nos archives: en plus de 20 occasions le parlement renonce au bannissement à perpétuité et ramène la condamnation à une durée d'exil nettement plus inférieure. Marguerite Monnot[116], est condamnée au bannissement perpétuel pour « avoir encouragée le vol d'une bourse lors de la tenue d'une foire », la

---

115   (AD) B II 46 art 38 (1774-1777) Arrêt du 7 janvier 1777.
116   (AD) B II 46 art 37 (1771-1774) Arrêt du 27 juin 1772.

Cour ramène son ban à 3 années hors de son ressort. Joseph Roux[117], est lui aussi condamné en première instance à un bannissement perpétuel hors du royaume pour « avoir volé à un tailleur d'habits, un croche d'argent, une veste et une culotte », au final le délinquant est amené à réaliser un ban d'une durée de 3 ans hors du ressort de la Cour.

Si le parlement s'attache à coordonner les différentes peines, ce n'est pas le cas pour les tribunaux inférieurs, chacun appliquant une politique répressive propre, d'où cette extravagance de sanctions. Pour deux crimes similaires, un individu peut être soumis à une expulsion ne dépassant pas 3 ans hors d'un territoire, alors que l'autre criminel est condamné à un bannissement perpétuel. On comprend alors le rôle fondamental de la procédure d'appel qui évite justement ce genre de décalage entre les territoires où certains délinquants peuvent être trop gravement punis.

Inversement, dans certaines affaires, le parlement réforme la sentence au détriment du criminel qui jouit d'une relative impunité de la part des tribunaux inférieurs. Cette situation n'est absolument pas majoritaire, bien au contraire, mais elle s'est néanmoins avérée pour plusieurs procédures criminelles, sur un total de 268 bannissements prononcés par la Cour en vingt ans, 5% d'entre eux sont rehaussés par le parlement. Parfois, aucune condamnation à un quelconque bannissement n'est présente dans les premières sentences, et dans 12% des cas c'est la Cour qui le rajoute dans son verdict final.

Une situation particulière reste à voir ici, c'est le cas des condamnations par contumace. Ces criminels qui refusent de comparaitre en justice sur les assignations qui leurs sont données, sont des délinquants ayant une situation juridique particulière. Les délits et les condamnations restent sensiblement les mêmes que pour les autres criminels, ces délinquants ne sont pas plus ou moins

---

117   (AD) B II 46 art 39 (1778-1781) Arrêt du 21 juillet 1778.

sanctionnés par la justice, d'ailleurs tout comme les autres condamnations, le parlement réforme 70% des sentences faites par contumace. Sur les 20 affaires concernées par la contumax, 14 criminels voient leur peine modifiée, et pour la grande majorité d'entre eux, à leur profit puisque les condamnés aux galères sont bannis au final pour 5 ou 9 années hors du ressort de la Cour, les perpétuités sont révoquées et les amendes diminuées, on retrouve bien ici les mêmes caractéristiques répressives que pour les accusés non contumaces. Un seul cas d'infirmation de la sentence va dans le sens contraire à ce que nous venons d'évoquer, Marion Savoyarde[118], condamnée par contumace en première instance à un bannissement de 9 ans hors du ressort du bailliage de Belley est au final bannie par la Cour, à perpétuité hors du royaume pour « complicité de vol d'argent ». Comme nous l'avons vu dans notre première partie, il faut sans doute ici s'intéresser au passé juridique de la criminelle pour expliquer une telle sanction, mais ces informations manquent cruellement dans nos arrêts.

Les décisions du parlement peuvent dans certains cas complétement différer des sentences émises en premières instances, parfois il les révoquent totalement, à d'autres moments il réajuste les peines afin de créer un ensemble juridique harmonieux. On peut alors s'interroger sur le bien-fondé de ces prises de positions et ainsi voir à travers les verdicts de la Cour quelle est la véritable démarche pénale adoptée par les parlementaires?

---

118   (AD) B II 46 art 41 (1784-1786) Arrêt du 19 octobre 1784.

3.1.2 Punir à tout prix ou recherche de compromis?

La peine dans son sens général, est sous l'Ancien Régime d'abord vue comme le moyen de compenser une faute commise et ainsi elle peut être perçue comme la contre-partie du délit. Nous avons vu que certaines sanctions infligées par le parlement, que nous appelons peines spectacles, permettent de châtier le délinquant tout en assurant un rôle éducatif face à la population qui assiste à l'exécution de la peine. Mais les parlementaires sont-ils réellement là pour punir coûte que coûte l'individu déviant? Certes l'individualisation de la peine lui confère un caractère pénal certain et par là même à un but répressif évident envers le criminel, mais malgré la mise en place de punitions exemplaires, la Cour recherche également le moyen de ne pas accabler le criminel par une sanction trop lourde.

Dans notre première sous-partie, nous avons constaté que le parlement réforme près de 70% des sentences émises par d'autres tribunaux entre 1765 et 1785, et dans quasiment tous les cas, au bénéfice du délinquant. Ces transformations de peines ne sont pas anodines, elles répondent à une volonté des juges de ne pas détruire socialement et économiquement l'individu qui s'exclut temporairement de la société en fautant de manière isolée pour la plupart du temps. Des crimes épisodiques qui, aux yeux de la justice, ne doivent pas être punis par de lourdes peines handicapantes qui excluraient totalement toutes possibilités de réinsertion. Cette pensée juridique est certainement le résultat d'une évolution des mentalités de la part des juges et de l'ensemble de la société tout au long du XVIIIème siècle, et même si les lois et ordonnances posent les bases du système répressif, dans les faits, les professionnels de la justice savent prendre des initiatives et se détacher du cadre officiel.

Les pratiques judiciaires quotidiennes tendent de plus en plus vers cette recherche de compromis, d'ailleurs plus on avance dans le siècle des Lumières, plus le parlement va infirmer de sentences en diminuant les peines. Les données de Broux.Céline[119] nous confirment cela, puisqu'elle note que plus on recule dans les décennies, plus la Chambre de La Tournelle confirme les sentences des tribunaux inférieurs et inversement, les infirmations avec accroissements de peine, après n'avoir cessé d'augmenter, diminuent nettement dans la seconde moitié du XVIIIème siècle. Non seulement cette tendance s'est avérée pour la question des bannissements qui est la nôtre, mais elle se vérifie également pour l'ensemble des procédures criminelles qui arrive en appel au parlement de Bourgogne quelque soit la nature de la sanction finale. Ainsi, au tout début des années 1750, les infirmations avec accroissement de peine atteignent près de 13,5% du nombre total d'affaires jugées en appel, alors qu'à la veille de la Révolution, ce même chiffre est de l'ordre des 9%.

Les dernières années du XVIIIème siècle semblent donc se diriger vers un adoucissement des peines, même si nous devons employer ce terme avec prudence, qui se répercute tant sur la sanction du bannissement, que sur l'ensemble des condamnations du parlement.

Cette diminution des sanctions envers les criminels n'a pas pour objectif de refléter l'indulgence croissante des juges, tout délit mérite châtiment et le caractère infamant et déshonorant de certaines peines n'est pas pour autant éliminé. Mais ne pas surcharger les sentences est sans doute le meilleur moyen pour le parlement de punir le délinquant tout en évitant de le conduire à commettre, dans le futur, de nouveaux crimes. En effet, un individu qui se retrouve dans une situation sociale et économique désastreuse suite à une lourde condamnation est fatalement plus sujet, par la suite, à reproduire ses fautes pour survivre.

---

119   Broux.C., *Criminalité et Répression en Bourgogne aux XVIIème et XVIIIème siècles,* Mémoire de maîtrise, Université de Dijon, 1998,p.111.

Afin de briser ce cercle vicieux, la Cour doit s'assurer lors de son verdict final à ne pas pousser un criminel à commettre d'autres délits, assurer l'ordre public c'est aussi penser aux conséquences que peut engendrer une sentence abusive. D'autre part, en plongeant le criminel dans la misère, la justice s'expose également au risque de créer d'autres délinquants, il s'agit ici de la famille du condamné qui pourrait basculer dans l'illégalité afin de compenser la perte d'un de ses membres.

Punir à tout prix n'est donc pas la logique adoptée par le parlement qui préfère infirmer les peines jugées inadéquates des tribunaux inférieurs, ces pratiques nous montrent bien que la Cour s'engage dans une nouvelle pratique judiciaire. Une philosophie de la sanction qui est remaniée au profit de la réinsertion du délinquant dans la vie de la communauté. La seconde moitié du XVIIIème siècle est symbolisée par le développement de plus en plus accru de la conception de l'arbitraire, à prendre ici dans le sens de libre arbitre des juges. « L'arbitraire n'implique ni la fantaisie, ni l'improvisation, il fonctionne en se référant constamment à la coutume et à la jurisprudence et dans le cadre de la surveillance exercée par les parlements sur les juridictions inférieures; la liberté de choix des peines s'exerce à l'intérieur de ce cadre[120] ». C'est tout un travail de réflexion qui se met petit à petit en place au sein du parlement, ne pas appliquer strictement les lois et ordonnances ne veut pas dire aller à l'encontre des textes régissant le système judiciaire d'Ancien Régime. Cela signifie tout simplement que les parlementaires adoptent une nouvelle pensée juridique s'inspirant certainement des critiques à l'encontre du droit pénal, reproches émis par des intellectuels ou professionnels de la justice et qui se développent nettement en cette fin de siècle.

---

120   Garnot.B., *La justice en France de l'An Mil à 1914*, Paris, Nathan Université, 1993, p.97.

C'est un fait incontestable, la justice est de moins en moins rigoureuse et c'est au parlement que cette amélioration est d'abord perceptible, les juridictions inférieures s'alignant avec retard sur la politique de la Cour. Les idées modernes pénètrent les esprits des parlementaires et outre une humanisation des peines, c'est aussi le souci d'efficacité dans la répression qui est recherché par la Cour. Une efficacité accrue qui ne serait plus obtenue uniquement par la terreur mais bel et bien dans la quête d'un compromis.

Nous assistons, à partir des années 1750, à une évolution majeure dans les pratiques judiciaires du parlement de Bourgogne avec une diminution des confirmations de peines, tandis que parallèlement, on note l'augmentation des infirmations de sentences avec diminution de peines. Sans doute est-ce le reflet de nouvelles politiques répressives qui recherchent avant tout un consensus entre la juste punition et la future réinsertion du criminel dans la société. Des peines de bannissement diminuées pour la plupart des condamnés certes, mais on peut tout de même s'interroger sur l'efficacité d'une telle sanction, comment savoir si le banni quitte réellement la région? Le parlement a-t-il les moyens d'appliquer ses sentences?

3.2 Avec le bannissement peut-on parler d'une justice efficace?

3.2.1 Les infractions de ban: preuves d'une peine inapplicable?

La décision de la Cour signe la fin du procès ainsi, lors de la lecture du verdict final au condamné, celle-ci exige que le criminel quitte le territoire duquel il est banni. Cette demande est clairement énoncé dans chaque arrêt émis par le parlement. Pour les 268 cas de bannissement, on retrouve toujours la même formulation: « [...] luy enjoint de garder son ban sous les peines portées par l'ordonnance du 31 May 1683 ou celle de 1670 ou encore 1682 (les références aux ordonnances peuvent différer d'un arrêt à l'autre) ». La Cour menace donc les délinquants qui séjourneraient dans une région qu'ils auraient dû quitter et les ordonnances prévoient en de pareils cas la peine de mort ou les galères quel que soit la durée du bannissement.

Dans le cas où une infraction de ban est constatée, les parlementaires condamnent-ils réellement ces individus n'exécutant pas leur sentence? Bannir un individu signifie lui interdire de séjourner dans une région déterminée par la Cour, si cela n'est pas respecté alors l'infraction de ban est constatée. Il suffit de la simple présence du banni dans la région interdite pour pouvoir parler d'infraction de ban, le délinquant qui serait simplement de passage sur le territoire en question est, aux yeux de la Cour, considéré de la même façon que celui n'ayant jamais quitté sa communauté. Il n'est pas spécifié dans nos arrêts la manière dont le criminel banni est rattrapé par la justice, mais on peut supposer que la communauté native du délinquant est très souvent au fait de sa condamnation. Rappelons que les peines accompagnant le bannissement se font de manière publique, par conséquent, la population peut, par la suite, reconnaître le criminel si celui-ci ne quitte pas la région. Il est tout à fait possible que la population use de la délation et dénonce celui qui est désormais considéré comme récidiviste de part sa non-exécution de la sentence du parlement.

Entre 1765 et 1785, on relève 22 infractions de ban, ce qui représente tout de même plus de 8%[121] du nombre total des arrêts étudiés. Il n'est donc pas rare de rencontrer des individus qui enfreignent leur condamnation, rappelons que les agressions contres les personnes conduisant au bannissement ne représente que 7.8% de nos crimes et les atteintes aux bonnes mœurs n'atteignent pas 5%. Des infractions de ban assez nombreuses pour notre période alors que dans le premier quart du XVIIIème siècle, seuls deux cas d'infractions de ban sont relevés[122].

Une fois encore, méfions nous de ces résultats, en effet, le nombre de bannis enfreignant leur ban présent dans nos archives est certainement très en dessous de la réalité, beaucoup ne quittent certainement pas la région dont ils sont expulsés mais seul un petit nombre d'entre eux est rattrapé par leur passé juridique.

Ceux qui prennent le risque de ne pas exécuter leur ban ne sont pas nécessairement des individus condamnés à un long exil, les personnes rencontrées dans nos arrêts, sont pour la grande majorité des criminels expulsés pour 3 ou 5 ans. Seulement deux personnes sont arrêtées pour une infraction de ban perpétuel: Marie Monnet[123], est accusé « d'infraction du bannissement perpétuel hors du royaume prononcé contre elle le 17 mars 1768 », François Gonnet[124] est lui aussi accusé « d'infraction du bannissement perpétuel prononcé contre luy le 20 octobre 1777 ».

---

121 Cf Annexe 6.
122 Bernard.A., *Les Bannissements Au Parlement De Bourgogne, 1700-1715 1774-1790*, Mémoire de Maitrise, Université de Bourgogne, 2001. p.70.
123 (AD) B II 46 art 37 (1771-1774) Arrêt du 23 janvier 1771.
124 (AD) B II 46 art 39 (1778-1781) Arrêt du 24 janvier 1780.

Une fois les individus interpelés, la Cour doit de nouveau les juger, et en la matière les parlementaires font preuves d'une relative indulgence. Jamais il n'est question pour les 22 personnes condamnées pour infraction de ban de peine de mort ou de galères, loin de là, de manière générale, la Cour met de nouveau en garde celui qui enfreint son ban.

Pierre Salonnier[125], fait l'objet d'une procédure criminelle en mars 1768, celui-ci est jugé pour une infraction de ban de 3 ans hors du ressort de la Cour prononcé contre lui en mars 1767, au final la Cour « ordonne que le dit Salonier doit exécuter le bannissement de 3 ans prononcé contre luy par le dit arrêt du 10 mars 1767 », aucune autre sanction n'est requise envers ce récidiviste, il n'est pas condamné à une peine plus lourde ou même une sanction financière.

Joseph Bel[126], est lui aussi jugé pour infraction de ban, un bannissement de 5 ans hors du ressort de la Cour prononcé le 19 décembre 1776. La Cour « pour les charges retenues contre luy, le condamne à garder son bannissement de 5 ans et en 5 livres d'amende envers le Roy. ». La clémence des juges est assez flagrante, on est très loin des peines capitales ou des galères prévues en cas d'infraction de ban.

Cette indulgence de la Cour peut également se rencontrer dans les cas où l'infraction de ban se répète, Antoine Bertet[127], est « déclaré atteint et convaincu d'avoir enfreint son ban de 5 ans prononcé contre luy le 7 novembre 1779, en deux reprises, la première en avril 1782 et la seconde en janvier 1783 », le bailliage de Belley où la procédure criminelle est instruite, le condamne à « servir de forçat pour 3 ans marqué des lettres GAD », mais le parlement réforme cette sentence, et « luy enjoint de garder son ban et de l'exécuter ». Si les tribunaux inférieurs appliquent les ordonnances en condamnant ceux qui ne

---

125   (AD) B II 46 art 36 (1767-1770) Arrêt du 2 mars 1768.
126   (AD) B II 46 art 39 (1778-1781) Arrêt du 3 août 1780.
127   (AD) B II 46 art 40 (1781-1784) Arrêt du 18 mars 1783.

quittent par la région aux galères, ce n'est absolument pas le cas du parlement qui revient et réforme les décisions prises en premières instances.

Certains cas méritent cependant une aggravation de la peine initiale en cas d'infraction de ban, le parlement ne peut tolérer un criminel qui abuserait de l'indulgence de la Cour. Claude Guillot[128], est à l'origine, condamné à un bannissement de 6 ans hors du ressort de la Cour le 2 mars 1779. Pour avoir enfreint son ban et également accusé de vol, il est de nouveau soumis à la justice parlementaire en juillet 1780 où la Cour le condamne à un bannissement de 7 ans hors de son ressort, l'année en plus de son ban d'origine étant sans doute lié au vol commis. Mais le criminel ne s'arrête pas là, puisque moins d'un an après, Claude Guillot passe une nouvelle fois devant la Cour pour une nouvelle infraction de ban et les juges le condamne le 13 mars 1781 à un bannissement de 9 ans hors du ressort de la Cour. Plus de quatre années après cette dernière sentence, ce même délinquant plusieurs fois récidiviste, est accusé de deux infractions de ban supplémentaires, et la Cour, le 13 février 1784, « pour les charges résultantes des différentes procédures criminelles, condamne le dit Guillot, à un bannissement de 12 ans hors de son ressort et en 20 livres d'amende envers le Roy ». En cinq ans, un même criminel est jugé quatre fois par le parlement, passant de 6 à 12 ans de bannissement, bien que les juges doublent la sentence initiale, ils ne condamnent pas le dit Guillot aux galères alors que le comportement de ce criminel pourrait justifier une telle peine.

Lorsque l'infraction de ban s'accompagne d'un nouveau délit commis par le criminel, là aussi la Cour ne sanctionne pas l'individu en question en lui infligeant des peines autres que le bannissement. Denis Seyrol[129] est un délinquant que nous avons déjà étudié dans nos archives, condamné le 22 octobre 1773 à un bannissement de 3 ans hors du ressort de la Cour pour « le

---

128   (AD) B II 46 art 40 (1781-1784) Arrêt du 13 février 1784.
129   (AD) B II 46 art 39 (1778-1781) Arrêt du 27 février 1779.

vol d'une veste et d'une culotte ». Il se retrouve de nouveau devant les juges du parlement quelques mois après pour infraction de ban d'une part, et le vol de « liens de joux de bœufs en cuivre à des domestique » d'autre part. Dans sa nouvelle sentence, le dit Seyrol n'est pas condamné de nouveau à une fustigation et au marquage au fer chaud, rappelons que les récidivistes de vols sont normalement marqués de la lettre W sur l'épaule gauche, enfin il n'y a pas de peines de galères prononcé contre lui, à la place, la Cour allonge son ban de 6 années.

À partir de la fin des années 1770, l'infraction de ban est abordée différemment par la Cour, changement qui est surtout visible pour la décennie précédent la Révolution. Même si le parlement ne condamne toujours pas les récidivistes aux galères ou à des peines d'enfermement dans une maison de force, il procède à quelques modifications dans son verdict au détriment du criminel. Désormais, lorsqu'il y a rupture du ban, la durée de bannissement choisie lors du premier jugement en appel, devient effective qu'à partir de la date du second procès. Ce qui signifie qu'un individu condamné à un bannissement de 3 ans en janvier 1778 par exemple, et repassant devant la Cour un an après pour infraction de ban, recommencera son exil depuis le début. Ainsi, un criminel qui aurait pu être libéré de son ban en janvier 1781 pour notre exemple, le sera en réalité un an après, puisque la Cour comptabilise dorénavant les 3 ans en question qu'à partir du second jugement.

Une différence notoire pour les criminels qui, au final, ne se contentent plus simplement de poursuivre le ban qu'ils doivent exécuter, mais reprennent l'ensemble de leur période d'expulsion depuis le début. Jean-Claude Cur[130], accusé d'infraction de ban prononcé en février 1780 pour une période de 3 ans, est jugé de nouveau en juillet 1781. La Cour « pour les charges résultantes des

---

130   (AD) B II 46 art 40 (1781-1784) Arrêt du 20 juillet 1781.

procédures contre le dit Cur, ordonne que le bannissement de 3 ans hors du ressort de la Cour prononcé en février 1780, ne commence à courir qu'à partir d'aujourd'hui (20 juillet 1781, date de la nouvelle sentence de la Cour) ».

Pierre Breton[131], accusé d'infraction d'un ban de 3 ans hors du ressort de la Cour prononcé contre lui le 30 mars 1784, la Cour « ordonne que le bannissement contre luy prononcé par l'arrêt du 30 mars 1784 ne commencera à courir que de ce aujourd'huy (le 5 février 1785) ».

Nous retrouvons ce cas de figure pour toutes les autres infractions de ban rencontrées par la suite dans nos arrêts, ceci est valable pour n'importe quelle durée de bannissement. Cette sanction particulière n'est par contre jamais observée, pour ceux qui n'auraient pas respecté leur peine, avant les années 1780.

Nous avons donc vu que les infractions de ban, simples ou accompagnées d'un autre délit ne sont pas rares, femmes ou hommes, bannis pour 3 ans ou à perpétuité, beaucoup de criminels ne quittent pas les régions qui leurs sont interdites. En agissant ainsi, ils prennent le risque de repasser devant les parlementaires pour être jugés une nouvelle fois, s'exposant à des sanctions normalement plus lourdes qu'une simple expulsion. Lorsqu'ils se font rattraper par la justice, la plupart de ces récidivistes ne subissent pas d'aggravation de leur peine, la Cour semblant faire preuve d'indulgence en ignorant les châtiments prévus pour de pareils cas, en effet, le parlement préfère laisser une nouvelle chance à ces repris de justice d'exécuter leur peine plutôt que de les sanctionner outre mesure.

Ces criminels que nous retrouvons dans nos archives montrent avant tout à quel

---

131   (AD) B II 46 art 41 (1784-1786) Arrêt du 5 février 1785.

point la peine du bannissement reste une sanction difficile à mettre en place, non pas dans la théorie, mais bel et bien dans la pratique de la justice au quotidien. Lorsque le délinquant est libéré de la conciergerie du palais afin qu'il exécute sa peine, il n'y a aucun moyens juridiques afin de vérifier si celui-ci va effectivement quitter pour telle ou telle durée le territoire dont il est expulsé. Les peines de galères, l'enfermement dans une maison de force et encore plus la peine capitale sont des sanctions qui nécessitent un cadre juridique particulier et contrôlé mobilisant du personnel qui va s'assurer que le verdict final de la Cour soit bien exécuté. Cependant, les délinquants qui ne réalisent pas leur ban sont minoritaires et ne suffisent pas à remettre totalement en doute la sanction du bannissement qui reste une peine largement utilisée par le parlement tout au long du XVIIIème siècle. Même si le bannissement ne disparaît pas du système judiciaire de la France d'Ancien Régime, certaines situations extrêmes, comme celle de Claude Guillot[132], multi-récidiviste, nous poussent à s'interroger sur le véritable sens de la peine de bannissement, c'est ce que nous développerons dans notre dernière sous-partie.

3.2.2 Les années 1780: vers une disparition des bannissements?

Il s'agit avant tout ici de voir si on peut donner un véritable sens à cette peine, mais également comprendre et essayer d'analyser les failles que peut présenter une telle sanction et qui ont conduites la Cour à éliminer petit à petit le bannissement de son arsenal pénal.

Nous avons vu que le bannissement est régulièrement rompu par des criminels

---

132 (AD) B II 46 art 40 (1781-1784) Arrêt du 13 février 1784. Exemple cité page 67 de notre mémoire.

peu disposés à quitter un territoire donné. Il se pose alors le problème du suivi des condamnations, en effet, avec le bannissement, il n'est pas aisé pour la justice et ceux qui la pratiquent, de pouvoir suivre le délinquant banni sur le long terme, à savoir éviter que celui-ci ne revienne dans sa région interdite. Cette peine qui exile un individu hors de sa communauté natale, pose un certains nombres d'interrogations quant à son efficacité.

Bannir un individu dans une région voisine ne veut-il pas dire repousser la délinquance hors de la limite du ressort de le Cour? Cette question est propre à la peine du bannissement puisqu'on est en droit de se dire que les galères ou les autres peines pouvant être émises par le parlement de Bourgogne, stoppent de manière certaine les comportements criminels de l'individu condamné. Même si les peines, autre que le bannissement, peuvent être prononcées à temps: galères pour 3 ans ou encore peine d'enfermement dans une maison de force pour 5 ans par exemple, elles donnent la quasi certitude aux parlementaires que le délinquant ne commettra pas d'actes délictueux pendant ces années où il sera encadré et surveillé par le personnel au service de la justice. Bien évidemment, un individu peut voler ou même violenter un autre criminel condamné tout comme lui aux galères ou à d'autres peines, mais les parlementaires écartent de manière plus fiable et efficace la délinquance vis-à-vis du reste de la société en condamnant un individu à d'autres peines que le bannissement.

Déraciner un criminel, signifie le couper totalement du reste de son univers social et familial pour un certain temps, comment peut-il survivre et recréer des liens sociaux dans une nouvelle région où il n'a aucuns repères? Rappelons que certaines peines corporelles, laissent des traces visibles et durables sur le corps du délinquant, ainsi la population qui accueille malgré elle un repris de justice, se méfiera naturellement d'un individu portant les marques d'un passé juridique. Trouver du travail et par là même disposer d'un capital permettant l'indépendance du criminel semble alors bien difficile à concrétiser, et il ne serait pas étonnant de retrouver dans les arrêts d'un autre parlement des noms de criminels que nous avons étudiés dans nos propres archives. Poussé par la misère, un banni n'ayant pas accompli sa réinsertion, peut commettre de nouveaux délits dans la région où celui-ci est exilé et peut faire l'objet de nouveaux procès au sein d'une autre cour que celle du parlement de Bourgogne.

Jean-Marie Carbasse s'interroge également sur les défauts majeurs du bannissement, « [...] loin de supprimer la délinquance, le bannissement ne faisait que la déplacer. Sans doute même l'aggravait-il puisque le banni, privé de toute attache, en un temps où les solidarités communautaires étaient très fortes, ne pouvait guère s'adapter ailleurs[133] ». L'auteur rapporte dans le même paragraphe une citation de Boucher d'Argis[134], propos tenus en 1781: « Pourquoi donc une province est-elle obligée de donner retraite à un homme qu'une autre province vient de proscrire? Bannir un voleur d'une ville, c'est lui ordonner d'aller voler dans une autre; le scélérat est le même partout ».

Le bannissement reste donc une peine qui ne répond pas totalement aux attentes de ceux qui la prononcent, écarter un criminel de sa communauté va satisfaire l'opinion en éloignant temporairement celles ou ceux qui menacent la paix publique. Mais, face à l'hostilité d'un milieu et d'une population inconnus, sans ressources et sans assistances, le délinquant risque de reproduire les actes pour lesquels il a été banni. Il est alors légitime de s'interroger sur l'efficacité d'une telle peine alors que celle-ci n'abroge pas directement la délinquance, mais au final l'éloigne le plus loin possible. Nous avons vu que la Cour préfère condamner un criminel à un bannissement, plutôt que de l'envoyer sur les galères du roi allant ainsi régulièrement contre les décisions prises dans les tribunaux inférieurs. Les juges et encore plus les parlementaires, sont

---

133   Carbasse.J.M., *Histoire du droit pénal et de la justice criminelle*, Paris, PUF, 2000, p.289.
134   Boucher d'Argis (Antoine-Gaspard), 1708-1791, avocat français .

responsables et garants de la paix publique et de l'ordre social et il est donc de leur devoir de rendre des sentences en conséquence, ainsi ce choix pour le bannissement est très régulièrement critiqué et à la fin de l'Ancien Régime on assiste à un déclin de cette peine. Ceci est tout à fait visible dans nos archives puisqu'au début des années 1770, le parlement banni en moyenne 19 personnes par an alors qu'à partir de 1780, la moyenne annuelle des bannissements au sein du parlement de Bourgogne est de 10 personnes. Ces moyennes sont établies sur cinq années dans chaque cas, et on peut donc constater une diminution de près de 50% de bannissement émis par la Cour entre 1770-1775 et les cinq premières années de la décennie suivante.

Le désengagement progressif des parlementaires vis-à-vis des bannissements peut également être perçu lorsqu'on regarde les données de Denis Ulrich[135] sur la criminalité en générale au parlement de Bourgogne au XVIIIème siècle. Ainsi de 1728 à 1780, près de 20% des prévenus jugés par la Cour se voient infliger une peine de bannissement, alors qu'à partir de 1783 ce chiffre ne dépasse pas les 12% et en 1790, un seul cas de bannissement est recensé dans les archives de la Chambre de La Tournelle. Les condamnations au bannissement baissent nettement à la veille de la Révolution, cette décroissance se fait au profit des peines de galères qui ne cessent d'augmenter d'année en année dans la seconde moitié du siècle des Lumières, passant de 7.6% du total des peines prononcées par la Cour vers 1750, à 12.7% après 1785[136].

L'ensemble des praticiens de la justice, mais aussi l'opinion publique influencée par les intellectuels, commencent réellement à mesurer les dangers et les vices du bannissement. Ne vaut-il alors pas mieux condamner un criminel aux galères, plutôt que de prendre le risque de plonger le délinquant dans le vagabondage et

---

135 Ulrich.D., *Criminalité et Répression en Bourgogne au XVIII° siècle*,Université de Dijon, 1972, p.75.
136 Broux.C., *Criminalité et Répression en Bourgogne aux XVIIème et XVIIIème siècles,*Mémoire de maîtrise, Université de Dijon, 1998,p.148.

la mendicité avec une peine de bannissement? Une vision des imperfections du bannissement sans doute un peu extrémiste, mais qui pourrait légitimer le fait que le parlement change de logique répressive au profit d'une autre peine.

Même si les bannissements ne disparaissent pas totalement des verdicts finaux de la Cour à la fin du XVIIIème siècle, il semble néanmoins évident que cette peine décline nettement tout au long des vingt dernières années de l'Ancien Régime. Un paradoxe, puisque rappelons que les parlementaires ont très largement condamné en appel des criminels à un bannissement, délinquants qui sont à l'origine châtiés d'une peine de galères en première instance. Ce retournement de situation n'est pas la marque d'une volonté répressive plus forte et plus dure de la part du parlement, il démontre surtout la relative inefficacité du bannissement. Le système judiciaire français n'a pas les moyens de suivre le parcours des criminels après leur condamnation et il est donc impossible de vérifier l'utilité d'un éloignement temporaire de l'individu commettant des délits. On ne connait pas l'avenir des personnes que nous avons rencontré dans les arrêts de la Tournelle, nous ne savons pas où ceux-ci s'exilent une fois le verdict rendu, si départ il y a, et il est peu probable que quelqu'un soit au courant de cette information y compris la famille du condamné.

Face aux infractions de ban et aux différentes critiques du bannissement, la Cour répond par un changement de cap dans sa politique pénale et modifie profondément ses habitudes dans sa pratique judiciaire quotidienne. Des innovations qui se traduisent par des condamnations plus radicales aux résultats plus facilement visibles et quantifiables pour les professionnels de la justice, mais surtout qui entraineront à terme, la disparition des bans au sein du parlement de Bourgogne.

Conclusion

En vingt ans de dépouillement d'archives, se sont près de 270 affaires débouchant sur un bannissement qui sont traitées par le parlement de Bourgogne. Le verdict final de la Cour condamne le criminel jugé en appel à une expulsion plus ou moins longue hors de son ressort pour la grande majorité des cas. Des délinquants qui ne se distinguent pas du reste des criminels condamnés à d'autres peines, c'est-à-dire des hommes issus des couches les plus basses de la société, des individus ordinaires rarement récidivistes. Tous les futurs bannis, hommes et femmes, doivent expiés leurs fautes de manière publique avant de quitter la région et les peines accompagnant le bannissement remplissent ce rôle pédagogique recherché par les parlementaires. Les arrêts de la Chambre de La Tournelle nous montrent que la peine du bannissement est prononcée généralement à la suite d'infractions contre les biens, les vols simples ayant une place prépondérante dans les délits pouvant conduire à une expulsion.

Toutes ces informations et ces résultats que nous avançons doivent cependant être nuancés, rappelons en effet que les archives judiciaires présentent de nombreuses lacunes et insuffisances. Une partie seulement des délits arrivent devant la justice, les données obtenues après dépouillement des liasses ne sont certainement pas tout à fait représentatives de la réalité criminelle.

Malgré ses moyens limités pour appliquer de manière satisfaisante la peine du bannissement, le parlement de Bourgogne use de cette sanction régulièrement tout au long du XVIIIème siècle et ce n'est que vers 1785 que la Cour commence réellement à remettre en question l'utilité des exils forcés. Des interrogations sur le bon fonctionnement du bannissement qui montrent à quel point le parlement fait preuve d'initiatives en ce qui concerne les évolutions du système judiciaire et ne reste pas insensible aux critiques de plus en plus acerbes de l'ensemble de la société. Ceci se retrouve au final dans la pratique judiciaire des parlementaires qui, utilisant la jurisprudence, savent adapter les peines aux délits commis en conciliant le plus souvent répression et tolérance.

L'arsenal pénal utilisé par le parlement ne cesse d'évoluer aux cours des décennies, répondant notamment aux attentes de la population qui change ses priorités répressives selon les époques, ceci peut ce retrouver dans nos archives, les motifs pour bannir un criminel observés à la fin du siècle des Lumières, diffèrent de ceux étudiés dans les premières années de ce même siècle. L'expulsion d'un délinquant répond donc aux espérances et aux craintes de la communauté lésée par un de ses membres qui met en danger l'harmonie et la cohésion sociale au sein d'un groupe structuré.

Une solution qui ne permet pas d'endiguer la criminalité de manière durable, au mieux la délinquance est repoussée et éloignée hors des frontières du parlement de Bourgogne. C'est pourquoi, à la veille de la Révolution, on peut remarquer un changement de cap dans la logique répressive des parlementaires bourguignon, les galères semblent être une solution plus efficace pour faire face aux actes criminels; d'ailleurs on retrouve ce même raisonnement dans les propos tenus par Voltaire: « il est plus judicieux de condamner les hommes au travail: ils seraient plus utiles à la société et par le travail pourraient redevenir honnêtes[137] ».

---

[137] Voltaire, l'Homme aux quarante écus, 1768. Citation reprise chez Ulrich.D., *Criminalité et Répression en Bourgogne au XVIII° siècle*, Université de Dijon, 1972, p.103.

Annexes

Annexe 1 - Les différents degrés de bannissements 107
Annexe 2 - Combien de temps dure le bannissement ? 108
Annexe 3 - Les sanctions financières 109
Annexe 4 - Répartition par sexe des criminels 110
Annexe 5 - Profession des criminels 111
Annexe 6 - Répartition des crimes conduisant au bannissement 112
Annexe 7 - Les différents types de vols 113

Annexe 1 - Les différents degrés de bannissements

Lieux des Bannissements	Nombre de bannis	Représentation en pourcentage
Hors du ressort de la cour	211	78,73%
Hors du ressort d'un bailliage	29	10,82%
Hors du ressort du royaume	12	4,48%
Hors d'une ville et sa banlieue	8	2,99%
Hors du ressort d'une justice locale	5	1,87%
Hors du ressort d'une chatellerie ou étendue d'un marquisat	3	1,12%
Total	**268**	**100,00%**

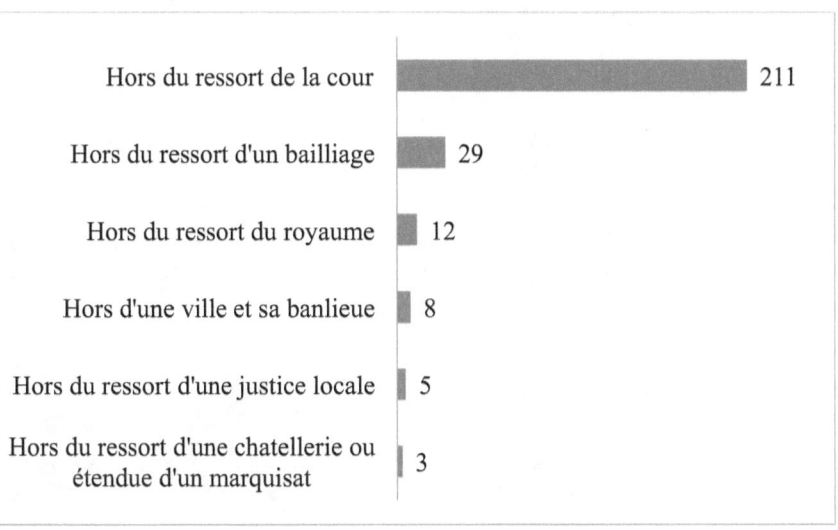

Annexe 2 - Combien de temps dure le bannissement ?

Durée du bannissement	Nombre de condamnés	Représentation en pourcentage
1 an	3	1,12%
2 ans	0	0,00%
3 ans	128	47,76%
4 ans	0	0,00%
5 ans	56	20,90%
6 ans	15	5,60%
7 ans	1	0,37%
8 ans	0	0,00%
9 ans	47	17,54%
10 ans	0	0,00%
11 ans	0	0,00%
12 ans	2	0,75%
Perpétuel	16	5,97%
Total	**268**	**100,00%**

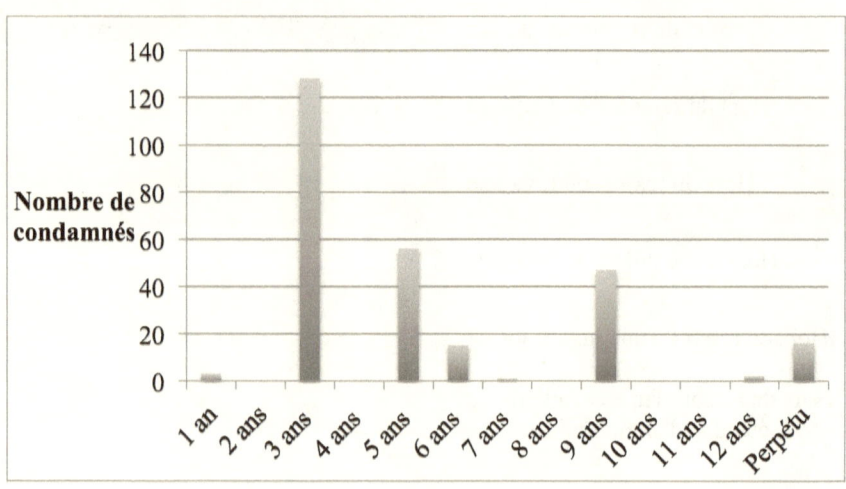

Annexe 3 - Les sanctions financières

Amendes émises par le parlement	Nombre de criminels	Représentation en pourcentage
150 livres	2	0,75%
100 livres	14	5,22%
50 livres	12	4,48%
30 livres	19	7,09%
20 livres	55	20,52%
10 livres	114	42,54%
5 livres	24	8,96%
3 livres	12	4,48%
Pas d'amende	16	5,97%
Total	**268**	**100,00%**

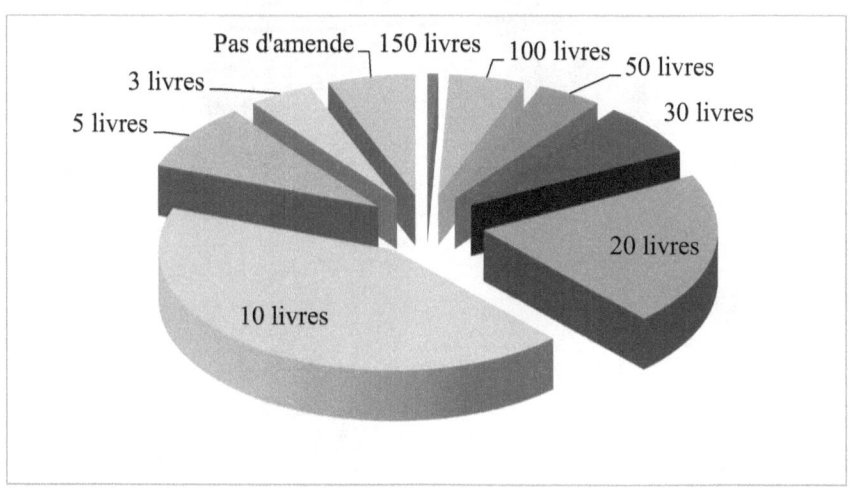

Annexe 4 - Répartition par sexe des criminels

Hommes	201	75,00%
Femmes	67	25,00%
Total	**268**	**100,00%**

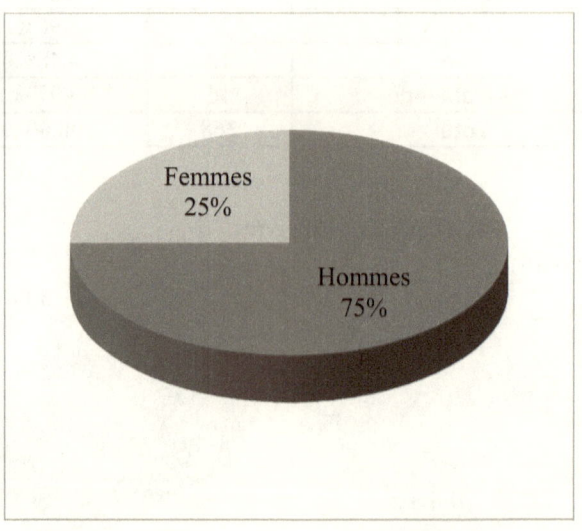

Annexe 5 - Profession des criminels

Hommes: 200, 30 professions recensées	
Professions	Nombre de criminels
Non précisé	66
Manouvriers	26
Laboureurs	16
Marchands	14
Journaliers	11
Serruriers	6
Vignerons	5
Tissiers	4
Cordonniers	4
Employés dans les fermes du roi	4
Domestiques	4
Maçons	4
Soldats	3
Charpentiers	3
Tailleurs de pierres	3
Maîtres d'école	3
Tailleurs d'Habits	2
Menuisier	2
Prêtres et curés	2
Boucher	2
Crocheteur	2
Marinier	2
Éleveurs	2
Tanneurs	2
Meuniers	2
Vendeur de pommades	1
Potier	1
Charbonnier	1
Chirurgien	1
Voiturier	1
Chapelier	1

Femmes: 68, 7 professions recensées	
Professions	Nombre de criminelles
Non Précisé	26
Femmes, Veuves, Filles DE......	21
Servantes, Domestiques	8
Lavandières	3
Marchandes	3
Couturières	3
Fileuses de coton	2
Accoucheuse	1
Journalière	1

Annexe 6 - Répartition des crimes conduisant au bannissement

Vols	188	**70,15%**
Infractions de Ban	22	8,21%
Agressions contre les personnes	21	7,84%
Crimes contre les mœurs	13	4,85%
Filouteries et escroqueries	24	8,96%
Total	**268**	**100,00%**

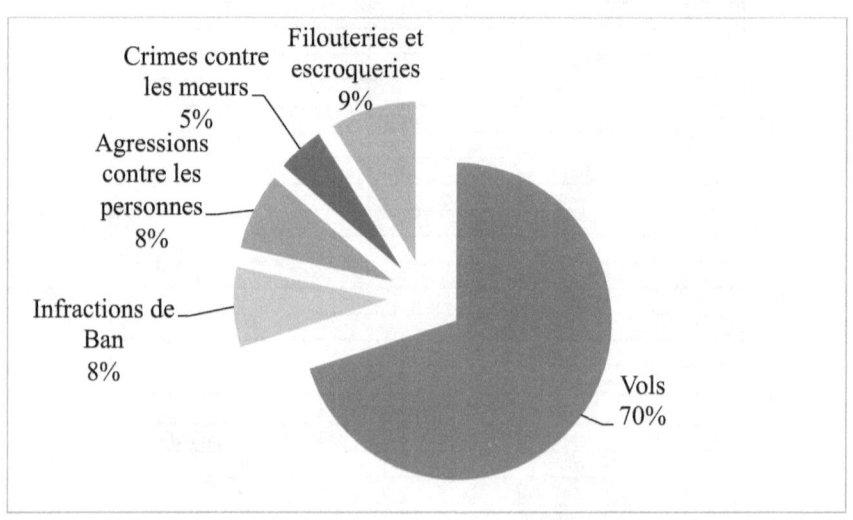

Annexe 7 - Les différents types de vols

Vols d'habits	69	36,70%
Vols alimentaires	41	21,81%
Vols de biens	24	12,77%
Vols d'animaux	24	12,77%
Vols d'argent	20	10,64%
Complicité de vols	10	5,32%
Total	**188**	**100,00%**

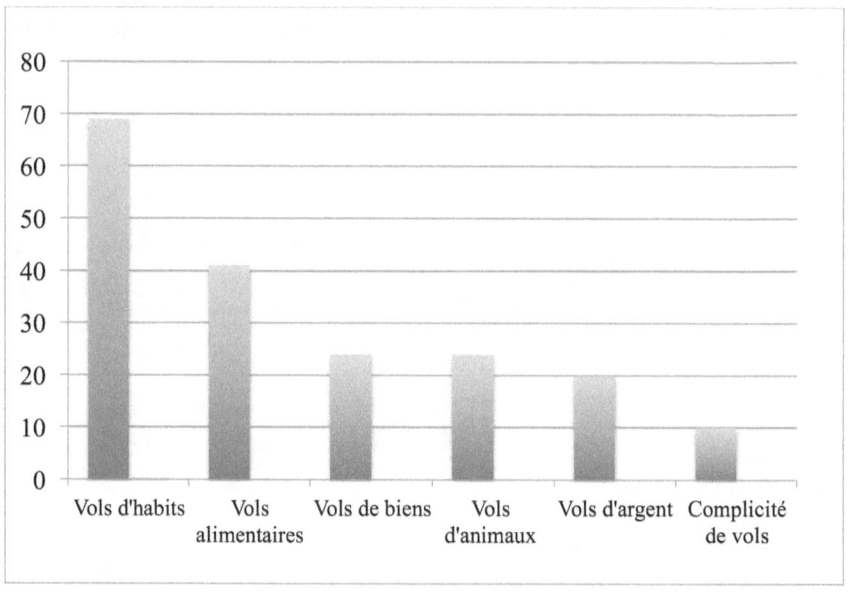

Bibliographie

Ouvrages généraux:

ANCHEL (R.), *Crimes et Châtiments au XVIII° siècle*, Paris, Librairie Académique Perrin, 1933.

BECCARIA (C.), *Traité des délits et des peines,* Genève, Librairie Droz, 1965.

CARBASSE (J.M.), *Introduction historique au droit pénal*, Paris, Presses Universitaires de France (P.U.F.), 1990.

CARBASSE (J.M.), *Histoire du droit pénal et de la justice criminelle*, Paris, P.U.F., 2000.

FARCY (J.C.), *L'histoire de la justice française de la Révolution à nos jours*, Paris, P.U.F., 2001.

FOVIAUX (J.), *La Rémission des Peines et des Condamnations,* Paris, P.U.F., 1970.

GARNOT (B.), *Justice et société en France aux XVI°, XVII° et XVIII° siècles,* Paris, OPHRYS, 2000.

GARNOT (B.), *La justice en France de l'an mil à 1914*, Paris, Nathan, 1993.

GARNOT (B.) [dir.], *Justice et Argent: les crimes et les peines pécuniaires du XIII° au XXI° siècle*, Actes du colloque international: *Justice et Argent dans l'histoire,* tenu à l'université de Bourgogne du 7 au 9 octobre 2004, Dijon, Éditions Universitaires de Dijon (E.U.D.), 2005.

JOUSSE (D.), *Traité de la justice criminelle de France*, Paris, Tome IV, 1771.

LEUWERS (H.), *La justice dans la France moderne*, Paris, Ellipses, 2010.

SERPILLON (F.), *Code criminel ou commentaire sur l'ordonnance de 1670,* Lyon, 1767.

TOURNERIE (J.A.), *Criminels et vagabonds au siècle des Lumières*, Paris, Imago, 1997.

Ouvrages spécialisés sur la Bourgogne.

CHAMPEAUX (E.), *Les Ordonnances des Ducs de Bourgogne sur l'administration de la justice du Duché,* Paris: Picard Fils, Dijon: Nourry, 1908.

COLOMBET (A.), *Le palais de justice de Dijon. Ancien Parlement de Bourgogne*, Dijon, L'arche d'Or, 1982.

PERRIER (F.) et RAVIOT (G.), *Arrests notables du Parlement de Dijon*, Tome Premier et Tome Second, Dijon, Chez Arnauld-Jean-Baptiste Angé, 1735.

Mémoires de maîtrise et Thèses.

BERNARD (A.), *Les bannissements au Parlement de Bourgogne: 1700-1715 et 1774-1790*, Dijon, mémoire de maîtrise, 2001.

BERNARD (C.), *Criminalité et répression dans les lieux publics à Dijon de 1740 à 1759*, Dijon, mémoire de maîtrise, 1994.

BROUX (C.), *Criminalité et répression en Bourgogne aux XVIIème et XVIIIème siècles*, Dijon, mémoire de maîtrise, 1998.

FEY (D.), *Les peines corporelles en Bourgogne au XVIIIème siècle*, Dijon, mémoire de maîtrise, 1992.

KOCH (C.), *Les condamnations par contumace au parlement de Bourgogne au XVIII° siècle*, Dijon, mémoire de maîtrise, 2002.

LAURENT (N.), *Le Parlement de Dijon à la fin de l'Ancien Régime: une Cour souveraine en pays d'États,* Dijon, Thèse doctorat: Histoire du Droit, 2005.

REIGNIER (D.), *La répression des vols au 18ème siècle au parlement de Flandres*, Lille II, mémoire de DEA Droit et Justice, 2002.

ULRICH (D.), *Criminalité et répression en Bourgogne au XVIII° siècle*, Dijon, mémoire de maîtrise, 1972.

Dictionnaires et usuels.

AUDISIO (G.) et RAMBAUD (I.), *Lire le français d'hier*, Paris, Colin, 2008.

BELY (L.) [dir.], *Dictionnaire de l'Ancien Régime*, Paris, P.U.F., 1996.

CARBOURDIN (G.) et VIARD (G.), *Lexique historique de la France de l'Ancien Régime*, Paris, Colin, 1990.

Archives.

B II 46 art 35: 1765-1767.
B II 46 art 36: 1767-1770.
B II 46 art 37: 1771-1774.
B II 46 art 38: 1774-1777.
B II 46 art 39: 1778-1781.
B II 46 art 40: 1781-1784.
B II 46 art 41: 1784-1786.

I want morebooks!

Buy your books fast and straightforward online - at one of world's fastest growing online book stores! Environmentally sound due to Print-on-Demand technologies.

Buy your books online at
www.morebooks.shop

Achetez vos livres en ligne, vite et bien, sur l'une des librairies en ligne les plus performantes au monde!
En protégeant nos ressources et notre environnement grâce à l'impression à la demande.

La librairie en ligne pour acheter plus vite
www.morebooks.shop

KS OmniScriptum Publishing
Brivibas gatve 197
LV-1039 Riga, Latvia
Telefax +371 686 204 55

info@omniscriptum.com
www.omniscriptum.com

www.ingramcontent.com/pod-product-compliance
Lightning Source LLC
Chambersburg PA
CBHW021852300426
44115CB00005B/137